JN210060

60歳からのリアル

2000万円もってないオレたちはどう生きるか

岡久 Oka Hisashi　日本ライフシフト研究会

自由国民社

目次

プロローグ

何はともあれ、まずはお金が大事！

第1章

六十歳から〝リアル〟生活の裏・表!

第2章

六十歳から仕事の〝リアル〟!

第3章 六十歳からお金の〝リアル〟！

第4章

六十歳から心と人間関係の〝リアル〟！

第5章

六十歳から住まいの〝リアル〟！

第6章

六十歳から健康の〝リアル〟！

エピローグ

人生百年時代、生きてるだけで丸儲け！

プロローグ――何はともあれ、まずはお金が大事！

年金事務所はいつでもウェルカム

首都圏近郊のある年金事務所――。

平日の午後、相談ブースは満席になっていますが、待合スペースは数人だけで閑散としています。事前予約なら待ち時間もほとんどなし、予約なしでもそれほど待たされることはありません。以前、消えた年金問題が報道され、毎日相談者で溢れかえった時とは雲泥の差があります。

相談時間は一人約三十分、各ブースで職員が応対してくれます。

この相談所には、敷居で左右に仕切られた相談ブースが十数個あり、各ブースに二個ずつ椅子が配置されていて、夫婦でも相談できるようになっています。

まず本人確認から始まり、個人の年金支払い状況などの資料を打ち出し現況を詳しく説明してくれて、その後質問に応えてもらえます。

定年世代のシニアになると健康寿命も気になりますが、中でも年金がいくらもらえるかがいちばんの関心の的です。

人生百年時代ですから、六十歳で定年退職した後、実に四十年間もあります。

だからこそ何はともあれ、まずはお金が大事です。

ただ、お金のことを気にすると、不安になってしまうのもまた事実です。

そんな時は、次の二つのことを生涯徹底するとよいでしょう。

まず、入ってくるお金の範囲内で生活すること、そしてなるべくなら借金をしないこと、この二つです。

これらを続けることで、多くの不安が取り除かれます。

不安が取り除かれれば、「幸せ」を今以上に感じ取ることができるようになるというものです。

そこでまずは、大事な年金について考えてみましょう！

年金受給に悩んだら年金事務所でまず相談

ここで紹介する相談者は現在六十二歳、会社員として六十歳の定年まで勤めあげ、その後契約社員として継続して働いていましたが、契約が更新されずに現在失業状態です。

求職中ですが、なかなか希望に沿う職が見つからずに、貯金も少なくなってきたので、不安に駆られて、現在の年金の状態を確認するために来訪しました。

人材不足の時代だといっても、求人欄には警備員、清掃員、介護職員、配達員、ドライバー、飲食業の店員など職種が限られており、健康状態に不安を抱えた中高年にはかなりハードルが高くなっています。

相談者本人が希望する事務職は、求人はあっても女性か、年齢制限で問い合わせ段階でやんわり断られるかなのです。

本来なら七十歳まで勤めて、少しでも年金額を上げようと考えていましたが、このままだとそれも難しく、場合によっては年金の繰り上げ受給を申し込まなければならなくなります。

その前に年金状況をしっかり把握して、今後のお金のやりくりを見直すきっかけにしたかったのです。

その際にいちばん不安なのは、年金を前倒しして受給する場合の説明を聞きたい時、相談窓口ではあまりお勧めできないなどマイナス要因を強調されて、結局受給させないように誘導されてしまうのではないかということ。

社会保障費の増大による財政危機が叫ばれている昨今、国としては年金の支払いを少しでも遅らせたいというのが本音でしょうから。

しかし心配には及ばす、相談窓口では年金前倒しのメリットとデメリットを丁寧に教えてくれます。


“定年シニア”の求人はキツイ仕事ばかり？

60歳以上の主な求人募集

- 警備員
- 介護職員
- 清掃員

直接話を聞けばあなたの現状と行く末が見えてくる

日本で生活している二十歳以上の住民なら、必ず年金制度には加入しなければなりません。年金は老後の生活の基盤として、興味と関心、不安もあるでしょうから、一度直接相談に出向くとよいのです。

年金事務所まで足を運ぶのは億劫（おっくう）ですが、自分の年金の現状がわかることで安心できて、今後の生活スタイルも見えてきます。

電話相談も受け付けていますが、細かい数字の説明はやはり対面相談がわかりやすく、理解もしやすいです。

実際の個人面談では、担当の職員が相談者の生年月日と身分証明書から本人確認をし、現在の年金受給状況を教えてくれます。

これまでの支払期間や残りの期間、さらに受給資格を満たしていれば、現時点での受給額など資料を端末から打ち出して、わかりやすく説明してくれます。

直接面談してわからないことがあれば、最新の資料によってその場で解決できるというのは大変ありがたいことです。

また受給のための要件が満たない場合でも、どうすればよいか丁寧に教えてくれます。

女性の職員も多いため、細かい配慮で対応してくれるので安心して相談できます。

繰り下げ受給を選択する人は約一パーセントしかいない

自分の年金状態がわかると、いつから受給するべきかの判断材料になります。

通常は六十五歳からですが、六十歳から繰り上げ受給や七十歳まで繰り下げ受給も選択できます。

巷でよくいわれているのが、繰り下げ受給、つまり受給年齢を遅らせることで年金額をアップさせるというものです。

一見お得に見えますが、本当はどうなのでしょうか?

実際年金受給を七十歳まで遅らせると、通常の六十五歳の受給時に比べて実に四十二パーセントも増額されます。こんなにお得なら皆さん、こちらを選択されるはずですが、実は希望者はたった一・二パーセントしかいません。

その理由として考えられるのは、第一に六十五歳から七十歳までの収入が確保できず、年金を受給しないと生活できないということがあります。

いくら定年延長や再雇用制度が推奨されていても、六十五歳を越えると途端に定職に就くのが困難になります。そうすると、預金などを取り崩しながらの生活になります。金額が減るばかりで預金残高が増えないとますます不安になり、早く年金が欲しくなるのです。

ちなみに、通常の六十五歳で受給している人は八割以上になります。

これには、年金制度に関心が低い人は通常の六十五歳でもらうのがいちばんよいと思っているという背景もあるかもしれません。

第二の理由は、七十歳まで生きないと年金の掛け損になるということがあります。いくら平均寿命が延びたといっても、あくまでも平均値であり、自分に当てはまるとは限りません。

「繰り下げ受給で余裕のある老後をおくりたい」と思っていても、寿命のことは神様次第です。もし七十歳までに急病などで死亡することになると、世代間扶養とはいえ、これまで掛けた年金（老齢年金）額（数千万円）がまったくもらえないということになり、（天国で）大損をしたとして滅入ってしまうでしょう。逆に国にとっては大儲けになるのですが……（苦笑）。

それなら、もらえるうちにもらいたいというのが人間の心理です。

年金を収めた分の元が取れる年齢は？

では何歳まで生きれば、これまで収めた分の元が取れるのでしょうか？　国民年金（老齢基礎年金）で見ると、実は八十二歳以上生きるのであれば、七十歳まで繰り下げたほうがお得になります。

繰り下げ月数が一ヵ月伸びるごとに、〇・七パーセント増額されることになるので、六十五歳を七十歳まで五年間（六十ヵ月）繰り下げると、

〇・七パーセント×六十ヵ月＝四十二パーセント

老齢基礎年金支給率増減表

繰り下げと繰り上げ、どっちがお得？

年齢	支給率（%）	年間年金額	月間年金額
60歳	70	545,510円	45,459円
61歳	76	592,268円	49,356円
62歳	82	639,026円	53,252円
63歳	88	685,784円	57,149円
64歳	94	732,542円	61,045円
65歳	100	779,300円	64.924円
66歳	108.4	844,761円	70,397円
67歳	116.8	910.222円	75,852円
68歳	125.2	975,684円	81,307円
69歳	133.6	1,041,145円	86,762円
70歳	142	1,106,606円	92,217円

になります。

つまり、五年間繰り下げることで、受給額が四十二パーセント増額されるのです。実際に受給される年金（老齢基礎年金）額は、個人の納付状況によって異なるので、通常の六十五歳として、ここでは満額として年間③七十七万九千三百円（二〇一八年度）となります。（上記表参照）

それが七十歳まで伸ばすと受給額は年間②百十万六千六百六円になりますが、本当にお得なのか、ここで通常の六十五歳受給と七十歳受給を比較してみましょう。

六十五歳受給とすると五年間で合計①三百八十九万六千五百円になりますが、受給額の年間の差額三十二万七千三百六円で割って算出された年数が分岐点になります。

①三百八十九万六千五百円÷（②百十万六千六百六円―③七十七万九千三百円）＝十一・九年（約十二年）

つまり、七十歳＋十二年＝八十二歳まで生きれば元が取れて、それ以上長生きすればお得になるということです。高齢者にとって十二年間は長い年月ですが、なるべく損をしないように早めに受け取りたいというのは人間の本音かもしれません。

それとあまり知られてはいませんが、年金にも税金がかかるので、増減率を単純比較して損得の正確な判断をするのは適切ではありません。

例えばアルバイトをしながら、繰り下げ受給をもらおうと思っている人は要注意です。所得が増えると、所得税や住民税の非課税世帯の対象から外れてしまうケースがあるからです。第三章で詳しく説明しますが、その辺も注意しなければなりません。

年金はもらえる時にもらったほうが勝ち

最近、年金の支給開始を七十五歳に繰り下げるという選択も検討されているという報道がありました。そこには、いまの上限の七十歳を五歳引き上げる選択肢を作り、元気な高齢者に社会保障を支える側に回ってもらいたいという国の狙いがあります。

具体的には、年金の増額率を七十歳までよりも引き上げてインセンティブをつけ、月の増額率を〇・八パーセントにするという試案もあるようです。

こうなると、繰り下げ受給を伸ばし七十五歳でもらえる年金額は通常の一・九倍になり、かなりの誘因になるかもしれません。

高齢化社会に向けて年金制度はますます変革が必要になるので、国の方針や政策に常に細心の注意を払っておく必要があるでしょう。

繰り下げ受給を選択したくない理由の最後は、国の年金制度に対する信頼性が低いので、もらえる時にもらったほうがよいという心理です。

これまで何回となく年金制度の危機が叫ばれて、その都度制度の改正（改悪？）をして、これで安心という宣言を行ってきたにもかかわらず、数年経つと同じ問題が再発してきました。

これこそ少子高齢化を見過ごしてきた国の予測の甘さであり、社会保障制度全体にまで影響を及ぼす証拠で、国民からの信頼の低下につながっているのです。

何年か前には「年金制度はこれで百年大丈夫！」と大見得を切って大改革を行いました

が、いつの間にか忘れ去られてしまいました。
そんなことが続くと国民のほうは疑心暗鬼になり、早めにもらっておいたほうが安心だという心理も働くのでしょう。

その他、厚生年金を繰り下げると寡婦年金（老齢基礎年金の資格期間を満たした夫が年金を受けないで死亡した場合、十年以上婚姻関係があった妻に六十歳から六十五歳の間支給される年金）がもらえなくなるなどいろいろな理由がありますが、いずれにせよ繰り下げ受給を選択する人は約一パーセントしかいないという事実を知っておくべきでしょう。

結局三人に一人が繰り上げ受給を選んでいる裏には？

年金制度は二階建て（詳しくは第三章参照）になっていますが、正社員タイプの人、つまり国民年金（一階部分）と厚生年金（二階部分）の両方の受給権を持つ人の中では、およそ一割の人が繰り上げ受給を受けることを選んでいるようです。

一方で自営業者など、厚生年金に入らない国民年金の受給権のみの人だけを見ると、四割近い人が繰り上げを選んでいます。全体的には三人にひとりが選択しているようです。

いまのところ、「とにかく今の生活の足しにしたいから、少しでも早めにもらいたい」人よりは、「長生きしてしまった時の生活のために、少しでも多くもらえるようにしたい」ほうが少ないようです。

やはり、年金をもらえるようになった世帯すべてが、懐に余裕のある生活ができるとは言えません。しかし、繰り上げを選択している人の率は年々下がっているので、やはりこれは皆さんがしっかりお金の用意をして、将来に備える気持ちを持っているという証拠ではないでしょうか。

「そうは言っても、私の老後はもうすぐそこなんだ。今後の生活のためには繰り上げ受給したい」という人も当然おられます。もちろん、今まで長く年金を払ってきたのですから、老後のためにどう活用するかは自由です。

早くもらえる分、減額されてしまう—そう聞くとやはり繰り上げ受給はもったいないようにも見えます。具体的にはどれぐらい減るのでしょうか。

まず繰り上げ受給の場合の減額率を調べてみると、繰り上げ月数が一ヵ月早まる毎に〇・

五パーセントずつ減額されていきます。
いちばん早く繰り上げ受給を選択すると、五年間（六十ヵ月）繰り上げすることになり、減額率は、

○・五パーセント×六十ヵ月＝三十パーセント

になります。各年齢別の減額率は前述の別表（P19参照）を参照して頂きたいのですが、繰り上げ受給と繰り下げ受給では最大二倍の差額になるということです。

金額の差も大きいのですが、その他にも繰り上げ受給には、次のようないくつかのデメリットがあります。

・老齢基礎年金を繰り上げ請求した後は、事後重症などによる障害基礎年金を請求することができない
・寡婦年金が支給されない。すでに寡婦年金を受給していても権利がなくなる
・配偶者が死亡した場合、六十五歳になるまで遺族年金と併給できない
・国民年金の任意加入ができない

疾病をカバーする障害基礎年金受給のハードルは高い！

障害基礎年金は、国民年金の加入期間中に診療を受けた日（初診日）があることが要件のひとつなのですが、繰り上げ受給してしまうと、受給上の年齢が六十五歳になったものとして扱われます。

そのため、繰り上げ受給の選択は、慎重にしたほうがよいというのがあります。

特に障害基礎年金は、いろいろな疾病の後遺障害もカバーする年金で、高齢者には安心できる制度です。例えばペースメーカーや人工透析、人工肛門、在宅酸素療法なども対象になります。

しかし実際には、このような障害があっても障害基礎年金を受給するにはかなりハードルが高いといわれています。

まず診断書を作成する場合、医師に相談しなければならないのですが、この制度に対する理解度不足などにより、作成をやんわりと断られることもあるようです。

また障害を抱えた状態でわざわざ窓口に出向いて受給の申請をしても、必要書類不足などの申請の不備を指摘されて、何回も足を運ぶことも少なくないようで、認められるまでに数ヵ月かかることもあります。さらに申請には期限がありますので、期限を過ぎるとそれ以降は認められません。

このように受給までのハードルが高い制度なので、自分で疾病保険を掛けている人はそちらに頼るケースも多いようです。

ですが、障害基礎年金の一級なら受給できる額は大きな額ですから、繰り上げは慎重にしたほうがよいかもしれません。

なお寡婦年金と遺族年金の場合は、基本的には配偶者を有する人が関係するので、もし独身であれば該当しない場合が多くなります。

そうすると、主なデメリットは消滅することになり、繰り上げ受給を希望する理由にもなります。

「背に腹は代えられない」のが受給者の本音

要は減額を我慢できるかどうかの判断ですが、その指標として何歳まで生きれば繰り上げ受給額より通常の受給額が多くなるのかということです。

国民年金の場合、受給の申請年齢にもよりますが、最短の六十歳から受給すると仮定すると、七十六歳八カ月というのが分岐点で、それ以上生きるなら通常の受給がお得になります。

人生百年時代といわれている中で、七十代半ばならまだ二十五年余りありますから、損すると考えがちですが、実際に繰り上げ受給を希望している人たちは、もっと切羽詰まった理由があるのです。

男性の場合には「繰り上げ受給しないと生活が成り立たない」、女性は「減額されても早く受給したほうが得」という理由が多いのです。景気がよくなったといっても、高齢者には依然として厳しい状況が続いているようです。

また、これからの消費税アップによる物価高を、この少ない年金で乗り切れるのか、不安になる人も多いでしょう。そのために国も対策をとっています。

消費税が十パーセントになった場合にも高齢者が困窮することがないよう、年金生活者支援給付金法が同時に施行されることになっています。年金生活者支援給付金は年金を含めても所得が低く、経済的な援助を必要としている人に支給される手当で、今年だけの一回限りではなく、継続的に支給される制度です。

このような国の対策が功を奏したのか、最近では少し変化が表れて、繰り上げ受給を希望する人は減ってきています。新規の受給資格者に限ると九・二パーセントに留まっており、これは長寿に備える人が増えているということでしょう。

また定年以降も働ける環境が整ってきたことも、繰り上げ受給減少の背景にあるかもしれません。

いずれにしても、「万が一」の将来に備えて年金以外にも貯金をしておく意識は、間違いなく安定した老後のための第一歩になります。

自分の懐具合や就業条件、健康状況などさまざまな条件を総合的に判断して、慎重にそして冷静に判断する必要があるのです。

第1章

六十歳から“リアル”生活の裏・表！

「高齢者の3K（金・健康・孤独）」問題なんてクソくらえ！

巷でよく言われるのが、「金」と「健康」、そして「孤独」の3Kが高齢者にとって危ない要因とされています。

しかし、この3Kは高齢者でなくても、どの世代にも当てはまる危険な要素ですね。敢えて言うなら、若い世代よりも高齢者が陥りやすいと言い直したほうが適切です。

つまり、特別な意味もなくごく当たり前のことなのです。

ことほど左様に、定年後や高齢者の生き様についてステレオタイプな議論が延々と繰り返されている感があるのですが、下手に自分自身を当てはめるとミスリードされて、いろいろな場面で悪影響が出てしまうことになりかねません。

もっとそれぞれ個人の事情に応じた議論や提言がなされるべきです。

具体的にいうなら、例えば「健康」については、人間六十年前後生きてくれば、体のどこかに不具合というのはあるものです。

各部の慢性痛だったり不調だったりですが、六十歳を過ぎれば、若い頃と同じような完全な状態に戻れるとは考えないほうがよいのです。

歳をとってから手術をしたり、体質を改善するためにハードなトレーニングしても、その負担が別の病気や不調のもとになったりするのです。

したがって、命の危機に関すること以外は、自分の体とうまく付き合っていくというスタンスが必要なのです。

「健康」については第六章で詳しく紹介しますが、機能の向上やパワーアップするというよりは、現況の体力や体調の維持、老化を少しでも防止することを最優先するとよいのです。

言葉にすると、「体と相談しながらボチボチ頑張る」という程度がしっくりくるのではないでしょうか。

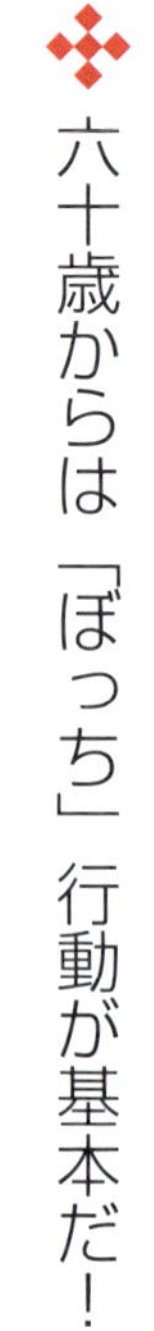

六十歳からは「ぼっち」行動が基本だ！

「人間は一人では生きられない」とよく言われますが、よく考えてみると生まれてくる時も一人ですし、死ぬ時に見守ってくれる人がいても所詮は一人で〝三途の川〟を渡らなければなりません。

最近では若い人でも「（一人）ぼっち」行動が増えているようですし、一人でいると誰にも気を使う必要がないので精神的にもよいのではないでしょうか。

実際に二〇四二年には六十五歳以上の高齢者の約二十三パーセント（男性の約七パーセント、女性の約十六パーセント）が独り暮らしになるといわれています。

寂しいことですが、どんなに仲のよい伴侶がいても、同時に亡くなることはほとんどありません。旧知の友が少しずつ旅立っていったり、子どもたちも独立して忙しくなり、取り残されたような思いを抱える人もいるでしょう。

だからこそ早めに一人きりの時の過ごし方、孤独を愉しむ心構えを持つことも必要なの

"定年シニア"の４人に１人が独り暮らし！

65歳以上は孤独

男性の７人に１人
女性の５人に１人が
独り暮らし

です。

「ぼっち」仲間が増えていくと、それに対応する環境やビジネスも活発になり、「ぼっち」生活に順応しやすいようになります。

ですから、いまからあまり思い悩んで、無理やりサークルに入会したり、仲間づくりに大して興味もわかない趣味を作ったりする必要もないのです。

「定年後」や「老後」のハウツウ本によく描かれているのが、定年後行き場を失った男性が図書館やサウナ、スポーツジムなどを徘徊(はいかい)する姿です。

自宅にいると妻に疎(うと)まれるので外出したいのですが、行き先は公共機関かそれほど費用のかからない場所です。

〝サンデー毎日（毎日が日曜日）〟な日々を持て余す男性陣ですが、別に恥ずかしがることはありません。

これまでシンドイ思いをしてさんざん家族のために働いてきたのですから、本来なら自宅にずっといても文句を言われる筋合いはないのですが、もし居づらいなら外出先では泰然自若としていればよいのです。

中には「定年退職して、いざ自分の自由な時間を持ったら、付き合ってくれる人が誰もいなかった」という人がいます。

一見寂しく感じるかもしれませんが、会社員時代は時間軸が仕事中心に回る「会社の時間」であり、さらに「上司の時間」であり、「自分の時間」ではなかったということです。

そんな時間を費やすことで成り立っていたのは「仕事による人間関係」で、退職すればたちまち消えてなくなるのも運命だったといえます。

それが定年後、自分の自由になる時間ができたら、それに合わせて生活していけば、自然と「自分だけの人間関係」が構築されていくものです。

つまり、せっかく手に入れた自分の時間を大切にすることから、新しい人間関係が生まれてくるのです。

私の知り合いで、六十歳の定年で再雇用や再就職をせずに粛々と退職して、裕福ではないのですが、清貧な生活をしている人がいます。

彼は暇があると、昼間から同じ境遇の仲間と居酒屋に行きバカ話をしているのですが、周りから「いいオッサンが昼間から酒を飲んでるなんて！」という一種の侮蔑の視線で見られることもあるそうです。

その時には、急に話を変えて「あの案件どうなった？　五億円で売れたか？　この前の案件は十億儲かったけど…」「あれはチョッとヘタ打って、二千万焦げ付いたよ」なんて投資家風につぶやくと、一瞬にして周りの視線が軽蔑から驚きや尊敬に変わるそうです。

それが気持ちよくて、米国風に言えば「（起業家に投資する）エンジェル」を気取ることがよくあるそうです。

彼にすると、そんなちょっとした悪戯（いたずら）で自分の気持ちや周りの雰囲気が変わるので、冗談半分の一種の気分転換のお遊びとして演じているということです。

これはちょっと極端な例ですが、まずは同年代の気の合う仲間と連む（つるむ）か、「ぼっち」で気の向くまま行動することがストレスを溜めずに生活できる第一歩なのです。

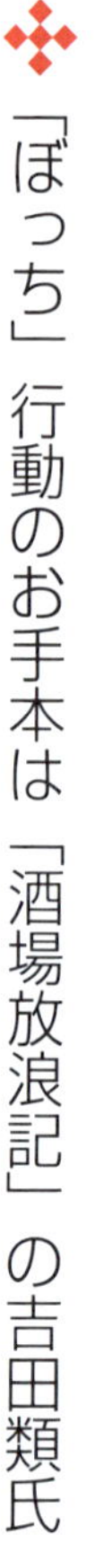

「ぼっち」行動のお手本は「酒場放浪記」の吉田類氏

そんな「ぼっち」行動のお手本になる人がいました。知る人ぞ知るテレビ情報番組「酒場放浪記」の吉田類氏です。

ＢＳ―ＴＢＳの「酒場放浪記」という番組で独りでフラッと居酒屋を訪れて、周りのお客さんと和気あいあいと話しながら、お店やお酒、おつまみを紹介し、お酒の愉しみ方を語るというユルイ内容ですが、二〇〇三年の第一回目からすでに十五年以上続いていて、長寿番組になっています。

人気テレビドラマ枠として一世を風靡した「月九」（毎週月曜日午後九時放送）から、裏「月九」と呼ばれてＢＳの人気番組として定着しました。

そんな番組のナビゲーターを務める吉田類さんですが、当年七十歳の名伯楽で、どんな居酒屋さんでもすっとその場の雰囲気に馴染めるというのが最高です。

類さんみたいにはスムーズにできなくても、独りでフラッと居酒屋にいって「ぼっち」

飲みを愉しむというのも乙なものかもしれません。
類さんが語る「ぼっち」飲みを楽しめる酒場を見つけるコツは「なんといっても店のカウンターが「コの字」型をしていること、これが独りで気軽に酒を飲む店を選ぶ第一の条件になる」（『酒場を愉しむ作法』より）
ということです。
さらにいくつか、「ぼっち」飲みに適したお店を探す秘訣があるので紹介しておきましょう。

個人経営のお店がよい…有名なチェーン店より、地元に根付いた個人経営のお店のほうが、店主や店員とほどよい距離を保つことができます。チェーン店だとどうしても応対が紋切り型になって、「ぼっち」飲みでお店の雰囲気を愉しむには向いていないことが多いです。

カウンターのあるお店がよい…グループ客だとテーブル席が便利ですが、一人だとテーブルよりカウンターに座るほうが落ち着きます。注文もいちいち店員を呼ぶより、カウンター越しに告げるほうが、気を使わなくてよいですね。また気が向いたら、カウンター内にいるマスターや店員とコミュニケーションを図ることもできます。

中ぐらいの規模のお店がよい…大店舗だと宴会や大勢のグループ客で、一人客が落ち着かない雰囲気になります。カウンターとテーブル席が数個あるくらいの中くらいの規模がよいのです。反対にカウンターだけのお店だったり、こじんまりした規模だったりすると常連客が幅を利かせていることもあり、一見の「ぼっち」客にはハードルが高すぎることになります。

こんな条件をクリアするお店が見つかったら、最初に友人と訪れてみて、お店の雰囲気や店員の応対が心地よいか確認してみることです。

そこで一人飲みをしている人がいたらお店選びのハードルはクリアしましたから、「ぼっち」飲みに挑戦してみましょう。

本当はいくらあればよいのか？

さて、生活費などお金の面では不安になるのは当たり前です。

定年後に再雇用や再就職しても、給与が大幅に減るのが通常ですから、対処方法は別の収入先を追加するか、支出を減らすかになります。

実はその前に確かめておくことがあります。それは、あなた自身が満足できる生活をするためにはいったいいくら必要かということです。

巷ではよく「不自由のない生活をするためには夫婦二人で月二十七万円が必要、そのためには資産が二千万円必要」などと暮らしや預貯金への不安をあおることが言われますね。

でも、こうした不安をあおる話はまったく気にする必要はありません。

ここ数年は好景気が続いているのでそれほど問題にはなりませんが、実際には厳しいことに、若い頃よりシニア世代の高齢者のほうが格差は大きくなっているといえます。

就職したての若い頃は企業の規模にかかわらず、賃金の差はそれほどでなくても、三〜四十年も経過すると昇給率や一時金の算出方法などあらゆる差が積算されて、何倍もの格差になってしまうのです。

会社の規模、業種別によって大きな格差ができるのはもちろんですが、社内でも職制や役職などによって差が大きくなってしまいます。その結果格差が開き、いわゆる「下流老人」（生活保護基準相当で暮らす高齢者およびその恐れがある高齢者）が増加して、厚労省の生活意識調査でも高齢者のほぼ六割が「大変苦しい」「やや苦しい」と回答しています。

しかし時間を遡ることは不可能で、現在の自分ではどうしようもないことなので、後悔や未練はあえて封印してこれからできることだけを考えるようにするのです。

わたしたちが将来に向かって支給されるであろう年金の平均額は、おおよそ二十万円ほどです。ただ、残念ながら少子高齢化のあおりを受け、もう少し下がる可能性のほうが、上がるよりも高くなっています。そして、ここから社会保険料や所得税が引かれることになります。

若い頃は、限られたお金の中で何とかやり繰りしていたという人も多いことでしょう。ただ、今後は、その若かりし頃よりも食費や遊興費なども減っていくはずです。

「いくら必要だから何をしなければならない」といった強迫観念にさらされて考えるのではなく、これからは限られたお金の中で生活する工夫といったことを考えるとよいでしょう。

必要なことは、巷で氾濫する情報に惑わされずに、まずは自分の現状と生活を確認して、いくら必要で、そしてどのくらい年金がもらえるかを算出すること。

そして健康第一で無理をせず、やりくりの工夫をする、これに尽きます。

現在の生活費を一旦ご破算にする

まずは自分が考えている快適な生活水準を保つには、いくらあればよいのかを算定します。

この際、現在の生活費は一旦ご破算にすることから始めます。光熱費や食費、通信費、交際費、その他もろもろの経費を本当に適正かをチェックして、不要不急で無駄な金額を抑えてみること。

趣味や交際にかかる遊興費をいの一番に節約する人が多いのですが、それでは無味乾燥なギスギスした人生になりかねません。

若い頃なら我慢できても、歳を重ねると心のゆとりを保つ上でも、遊興費を極端に削ることはお勧めできません。

倹約するなら食費や光熱費、通信費など生活に必要な定額料金と認識されているところから見直す必要があります。

電気代なら基本契約のアンペアを下げて基本料金を節約する、携帯電話の料金コースを下げる、年齢を重ねるごとに食べる量が減ってくるので食費も下げられます。

このように、生活や行動範囲の規模が狭まることで固定費を下げることが大切なのです。

また若い頃から加入していた生命保険や医療保険なども削減の対象になります。

保険とは企業が儲けを生み出す〝金融商品〟

保険とは、自分がもしもの際に家族の生活を守ってくれるものですから、子どもが独立あなたにとって本当に保険は必要なのか?

保険加入の条件

- 不慮の出来事への備え
- 不慮の出来事でお金が不足
- 不慮の出来事の可能性の有無

したり、配偶者が亡くなったりすれば不要になるか、必要性が減ることになります。

具体的には保険加入の意義は三つあります。

最初は万が一の確率による不慮の出来事に備えること。

二番目は万が一の確率による不慮の出来事で費用が賄いきれないこと。

三番目は万が一の確立による不慮の出来事が起こるか起きないか、またはいつ起こるかわからないこと。

保険とはこの三つの条件が揃ったら加入するべき〝金融商品〟なのです。

残念ながら、一般の人にはこの〝金融商品〟という理解が不足していると思われます。金融商品とはそれを販売することで、企業が儲けを生み出すということで成り立っているものです。

テレビや新聞などの広告では、最初と三番目の条件がことさらに強調されて勧誘していますが、本当に重要なのは二番目の費用の面なのです。

最初と三番目の条件は万人に当てはまりますが、二番目の費用が賄えるかどうかは個人的な生活水準や経済状況によるので、本来はここを判断基準にしなければなりません。

六十歳前後の高齢者の場合には、ある程度の預貯金があり、生活費もそれほどかからないのですから、保険料を見直すのは当然のことで、むしろここから手を付けるべきでしょう。

何千万円もする保障を付けた生命保険は考え直すべきですし、いろいろな疾病の際の医療保険も見直しの対象になります。

がん保険などは高額な治療費や入院費を賄うために、テレビで盛んに勧誘していますが、実際には公的な医療保険などでほとんどカバーできるといっていいでしょう。

例えば手術などで百万円以上の高額な治療費がかかったとしても、自分で負担しなければならない金額は上限八万円余りです。会社員なら「高額療養費制度」が使えるからです。

高額な治療費でも公的な医療保険でカバーできる

「高額療養費制度」は、年金受給世代だけでなく、公的医療保険に加入している人が条件を満たせば利用することができる制度です。

現在病院の窓口で医療費を支払う場合、七十歳未満は三割、七十歳以上七十五歳未満は二割、七十五歳以上は原則一割の負担になっています。

では、ある人が病気になって手術をしたので、一ヵ月間で百万円の治療費かかったとしましょう。「さあ三十万円支払ってください」と言われると、一度にそんな金額を負担するのが厳しい家庭もあります。

「高額療養費制度」はこのような自己負担分といってもあまりに高額な時に、上限を設定して、その範囲だけで負担してもらおうという利用者の懐に優しい仕組みなのです。

一ヵ月間で百万円の治療費がかかったとした時の自己負担上限額は、年収五百万円の五十八歳女性の場合、八万七千四百三十円です。

自己負担の上限額は年収に比例しますが、いくら高額な医療費がかかっても、公的な医療保険に加入していればほとんど困ることはないのです。

これこそ「国民皆保険」といって日本が世界に誇るべき制度のひとつです。

現在社会保険料の増大でこの制度の疲弊が叫ばれていますが、保険料や税金をしっかり納めている限り保障を受けられます。

せっかく社会保険料を納めてきたのですから、日本の手厚い保障を信頼して活用することです。厚生労働省保険局のサイトでは、詳細な算出式を記載していますので、今の自分の場合に当てはめて参照してみてください。

今流行りの「リバースモーゲージ」の〝落とし穴〟

最近「五十五歳からの資金作りに――リバースモーゲージ」というテレビCMが盛んに放映されています。

会社員なら定年前後で減給されたり、再雇用後に待遇が下がったりして、生活費や慶弔

"リバースモーゲージ"は高齢者の味方か？

リバースモーゲージが定着しない理由は？

- 貸したい人と借りたい人のミスマッチ
- 担保の評価基準が厳しい
- 契約期間より長生きする

費などの臨時費用に窮することがあります。

リバースモーゲージとは、高齢者の資金作りに持ち家を担保にしてお金を借り、毎月の返済金は利子だけでOKで、当事者が亡くなると担保を売却して返済に充当するというシステムです。

欧米では一般的で、金融庁も奨励していますが、今ひとつ定着していません。

その理由は二つあります。

第一に担保の評価対象が建物でなく土地だけということです。建物についてはほとんど無価値と見なされて、土地の価値だけで評価されるので、おのずと長期的に地価が安定している地域が有利になり、地価が低い地方での契約は条件が厳しくなるということもあります。

第二に土地の評価が低い場合には、それを補填（ほてん）する意味で現金資産が求められます。

この制度が始まったのは、人気の住宅街とされる東京都武蔵野市の吉祥寺近辺ということからも頷（うなず）けます。

実際にはリバースモーゲージを利用したい人と金融機関が融資したい人とのミスマッチが存在しているのです。

利用したい六十歳以上の二人以上の世帯の貯蓄額は「一千万円未満」が三十六パーセントを占めていて、持ち家だが貯蓄が少ないという層が必要としているのです。

しかし金融機関側は対象不動産を一都三県の高額資産に絞ったり、保有金融資産の額を三千万円以上にしたりして、融資の条件のハードルをかなり上げているのが現状です。

長く生きれば生きるほど〝リスク〟が高くなる!?

もうひとつの問題は、人生百年時代といわれて寿命が想定以上に伸びているという背景があります。つまり、契約した年数より長く生きることになると、一旦は現金かあるいは担保で借入分を清算しなければなりません。

収入の少ない高齢者には現金資産が少ないでしょうから、清算するために高齢者の契約者に住宅から立ち退いてもらわなければいけなくなります。

そうなると、金融機関としてはイメージダウンにつながるので、契約には慎重にならざるを得ないのです。

ということで、リバースモーゲージは定期的な収入が少ない高齢者にとっては一見お得な制度に見えますが、いざ契約するとなるとかなりハードルが高いといえます。

持ち家が複数あったり、現金資産が裕福な富裕層でなければ、なかなか成立するのは難しいのが現状ですから、平均的な高齢者にとっては大きな期待をかけないほうがよいでしょう。

日銀のゼロ金利政策によって、融資事業で利益を出すことが困難な時代ですから、金融機関はいろいろな事業を考案して、少しでも儲けを出すことに必死になっています。

そのうちのひとつがこの「リバースモーゲージ」なので、詳しくは第五章で説明しますが、どんな高齢者にとっても優しい制度とはいえないことを覚えておいてください。

金融機関が立ち上げる予定のその他の高齢者向きの制度にしても、ゼロ金利政策が続く限り高齢者にとって本当に役に立つのかを注意深く判断しなければいけません。

ここまで、高齢者にとっての「3K（金・健康・孤独）」問題をザックリお話してきましたが、要は「ステレオタイプの議論に惑わされるな！」ということ。

人それぞれ事情が違うので、個人個人で判断して自分の行く末を選択することが大切です。

第2章

六十歳から仕事の“リアル”！

いま流行の「ライフシフト」に共感できるか?

リンダ・グラットンというイギリス人学者の書いた『ライフシフト』という翻訳書が売れています。

二年以上前に出版された本ですが、アマゾンではいまだにベストセラーです。

その本の中で人生百年時代においては、「教育(学生)↓仕事(社会人)↓引退(老後)」というこれまでの三つのステージの人生から、新しいマルチステージの人生へとシフトしなければならないとしています。

つまり「教育↓仕事↓引退」という誰もが同じような人生を過ごす時代は終焉して、多くの人が転身したり複数のキャリアを積み重ねたりしていくマルチステージの時代に突入するというのです。

何度も学び直し、転職したり、あるいは一時期には子育てに専念したり、さまざまな経験をしたりと、充電と発信を繰り返しながら、会社を超えた社会との関係を保ちながら生きていくような社会になるとしています。

著者のロンドン・ビジネススクール教授のリンダ・グラットン氏は

「長寿化する人生では、ある時は仕事に集中し、ある時は自分への投資に専念するなど、人生のステージを変えていく必要が出てきます。おのおのが人生を再設計しなければなりません」

さらに

「長寿社会になると、多くの人が、ある時点ではインディペンデント・プロデューサー、すなわち組織から離れた独立生産者として働くようになると考えています」

と語っています。

「インディペンデント・プロデューサー」とは、早い話が起業して独立するという意味でしょうが、一介の会社員が定年後に事業を起こすとなるとかなり大変です。

さらに、「エクスプローラー」と「ポートフォリオワーカー」という二つのマルチステージが紹介されています。

前者は日常生活から離れて旅をしたり新しい人に出会ったりして、自分を再発見する、つまり「自分探しをする人」といった意味合いで定義づけています。

後者は企業に勤めながら副業や社会貢献事業に精を出す「ダブルワーカー」のようなスタイルです。

いずれもインパクトのある提言ですが、これまでの日本人社会にはない考え方です。

しかし、果たしてどのくらいの人が共感し試してみようと思うのでしょうか……？

起業できる人ならとっくに独立している！

定年後の独立起業にしても、ダブルワーカーにしても、自分探しの旅にしても、これまでひとつの企業でコツコツと地道に働いてきた人にはそぐわないような気がします。

実は、何年かに一度はこんな「未来予測」や「提言」をする学者や評論家が現れて、それが流行することがあります。

以前、未来学者のアルビン・トフラー氏が『第三の波』という著書の中で、「人類はこれまで大変革の波を二度経験してきており、第一の波は農業革命、第二の波は産業革命と呼ばれるもので、これから第三の波として情報革命による脱産業社会（情報化社会）が押し寄せる」として、メディアで大きく取り上げられ、現在の「ＩＴ社会」を予測したのです。

先見の明がありましたが、予測は予測であって当時の世の中が変わるほどの影響力を持ったとはいえませんでした。

未来予測としては興味深いですが、それがどんな社会にも当てはまるということはならないのです。いわんや欧米の社会には適合しても、極東の島国の日本には当てはまらないことも多いのです。

ほぼ一言語・一民族の日本は世界的に見ると特異な社会といえるので、欧米人の学者が書いた未来予測などはほとんど役に立ちません。

「ライフシフト」に描かれた三つのステージで紹介されたポストも、定年前後の日本人の心にはいまひとつ響かないはずです。ましてや「ライフシフト」をしっかりと理解して、さらに試してみようとする気持ちはほとんど起こらないでしょう。

誤解を恐れずに言うと、日本人にとってはリスクが高い考え方ですので、すぐに流行に飛びつくことのないよう慎重に行動したほうがよいでしょう。

特に評論家やコンサルタントの中には、「定年起業」を勧める傾向があります。

しかし、よく考えてみてください。本当に起業して成功する才能ややる気があるのなら、定年を待たずに退社して、新しい事業を始めているはずです。

その証拠に起業して成功している人と現在の自分を比較してみれば、その才があるかどうかわかるというものです。くれぐれもマスコミ特有のステレオタイプの甘い言葉に惑わされないようにする必要があります。

〝定年起業〟で〝しくじりシニア〟になるな！

金融機関には起業する人に対して、優遇してサポートしてくれる制度もありますが、これもビジネスなので、それなりの費用負担やリスクもあるということを理解するべきです。

特に定年後に起業する際に借金をしたり、預貯金を取り崩したりしてはいけません。

一般人に“定年企業”なんて到底無理！

もし起業したら？

起業1年後の存続率→4割

同 5 年後の存続率→15%

同 10 年後の存続率→6%

同 30 年後の存続率→0.02%

金融機関は新規の取引先ということで、低金利で貸してくれるかもしれませんが、定年後ということで貸付期間も短くなるので、毎月の返済額も高くなります。

病気や事故などチョッとしたトラブルで収入が滞ったら、すぐにパンクしてしまいます。

これからは人生百年時代で余生が何十年もあるのですから、間違っても借金と預貯金の取り崩しはご法度です。

起業に関心の高い人の中には、借金をせずに預貯金もそのままで、年金収入だけで生活できるので大丈夫と思う人がおり、副業感覚で自分の会社を興し、ちょっとした小遣い稼ぎになればよいと考えるかもしれません。

しかし長年会社員でコツコツと仕事をして生きてきた人に、フリーの立場での営業力（仕事のもらい方）やプレゼン力などあるはずがありません。さらにお金の回り方などにも不馴れで、財務諸表などが読めない人もたくさんいます。

つまり、一般的な〝定年人〟には起業は「夢のまた夢」と考えたほうが無難といえます。

自分の願望と夢に目がくらんで〝しくじりシニア〟になってはいけないのです。本当に自信と才能、そしてやる気と体力があふれているという人は除いて、少しでも不安があり独立や起業が難しいと考えたのなら、再雇用でも再就職でもよいので会社に残ることを優先するとよいでしょう。

早めの見切りが〝余生を楽しむ〟につながる

再雇用でも再就職でも安定的な収入は得られるわけですから、心理的にも余裕ができて余暇や趣味を愉しむことができます。これこそ〝余生を楽しむ〟ということではないでしょうか。

ただし厳しいもので、六十五歳までは本人が希望すれば再雇用される法律はあるものの、それ以降はすべての人が再雇用や再就職できるわけではありません。会社がずっと残ってもらいたい人というのは、自社に何かしらの利益をもたらしてくれる人です。
人より優れた才能や技術を持っていたりすると有利ですが、一般的な事務職しか経験してこなかった人は、アルバイトや派遣社員などでいくらでも代替できるので、六十五歳以降の再雇用や再就職は難しいかもしれません。

そんな場合にはキッパリとあきらめて、「シニアの職場の三定番」と言われている警備・清掃・マンション管理などの比較的単純労働にシフトするのも方法です。次のような仕事なら、今のところ求人はたくさんあるのですべり込めます。

・警備員
・清掃員
・マンション管理員
・配送員
・運転手
・介護職員

その他、それほどの技術や経験がなくてもできる職種なら大丈夫ですが、ここで経験を積めば熟練労働者として長く働ける可能性が高くなります。つまり〝シニア熟練単純労働者〟という立場になるのです。

これらの業種は若者たちには不人気で、競争相手は定年前後の未経験者ですから、少しでも早く仕事に慣れたほうが現場では重宝されて有利なのです。

熟年の熟練単純労働者こそ〝弱者のためのライフシフト〟

ただもたもたしていると、外国人労働者の受け入れ法が改正されたので、多くの外国人が日本にやってくることになり、シニアにとって貴重な求人先が奪われてしまいます。

この人たちは基本、単純労働の分野にやってくるので、熟年の熟練単純労働者には強力なライバルとなってしまいます。

「同一賃金同一労働で差別はない」という〝タテマエ〟はありますが、意思疎通の面から当然賃金も日本人より安くなるので、あっという間に広がっていき、求人難も解消に向かうかもしれません。

“定年シニア”より外国人労働者のほうが人気がある!?

外国人労働者は技術指導を受けていて優しい・・・＞人気！

日本人は低待遇で不満多し・・・＞不評！

そうなると、まずは定年前後の人たちの就職口が奪われ、路頭に迷う人たちが出てくる可能性もあります。

実際に二〇一九年の四月に運用が始まった「特定技能試験」では応募が殺到して、受験できない外国人が多数いるという報道がされています。

ということは、熟年労働者の競争相手はますます増加して、より厳しい求人状況になると予想されます。

実は、介護の一部の現場では外国人のほうが、日本人の職員より人気があることがあります。

理由は、現在日本に来ている外国人労働者は母国で日本語の語学教育と技術指導をしっかり受けており、身の回りの世話などが職種として確立され、また国民性から年配者に優しいという評判があります。そのようなことから、日本人のお年寄りに好かれている面があるのです。

逆に日本人の介護職員は、労働条件の面でなかなか人材が集まらないというのがあります。

それが介護現場で多発する事件や事故につながっているという見方もあり、法律改正によって外国人労働者の参入で、ますます日本人の働き口が少なくなると予想されています。

したがって、自分は熟年の熟練単純労働者として腕を磨いていこうという決断をしたら、すぐに行動することが大切です。

単純労働でも熟練になれば、簡単に契約を切られるということにはなりません。これこそ〝弱者のためのライフシフト〟といえるかもしれません。

「雇うならシニアより若い労働者」が企業の〝常識〟

さて〝定年シニア〟の就業について厳しい状況を話してきましたが、ここからは再雇用と再就職の話をしていきます。

会社員が定年を迎えたら、一般的な選択は同じ会社に「再雇用」されるという方法があり、実際には、定年後に再雇用制度を利用する人は八割を超えています。

二〇一三年に通称「高年齢者雇用安定法」が施行されて、企業側は次の三つのうちのどれかを選択しなければならなくなりました。

①定年の年齢の引き上げ
②継続雇用制度の導入
③定年制度の廃止

ほとんどの企業は経営的に負担の少ない②継続雇用制度の導入を選択したわけですが、定年前の勤務条件がそのまま継続されるのは少ないという実態があります。

あと何年働いてくれるかわからない人よりは、二十年後も三十年後も活躍できる人を採用したいのが企業の本音（実は〝常識〟）です。特に経営的に厳しい中小企業の場合には、老いてもなおぶら下がる〝お荷物〟扱いされることになりかねません。

経費節減を図るために役職をなくしたり、契約も一年ごとの契約になったり、さらに給与も大幅にダウンされるようになります。ほとんどの企業で定年前の給与額の五〜七割程度ですから、厳しい目で見てだいたい半額になると思っておいたほうがよいかもしれません。

一歳違うだけでこんなにも環境が変わってしまうため、モチベーションを維持するのは難しいところですが、それでも安易に退職するのは軽率といえます。

「高年齢雇用継続給付」なら再雇用のデメリットをカバーできる

先に説明したように、継続雇用制度を利用すると、会社に居続けることはできますが、ほとんどの場合で給料が下がってしまいます。

仕事内容はこれまでの継続で従事する場合もあれば、補助的な仕事や単純作業に移行されることもあり、企業によってまちまちですが、従来通りの仕事に従事できるのは三割程度というアンケート調査もあります。

大部分の人が単純労働やサポート業務に転じることになり、モチベーションも大きくダウンすることになります。

そうなると、いっそ独立だ！――いままで一生懸命働いてきたのだから、こんな気持ちにもなりますよね。

しかし、意気込んで退職してしまうのは、もったいないかも知れません。

その前に、知っておいて損のない制度があるからです。

「高年齢雇用継続給付」という制度です。継続雇用、あるいは再就職して「雇われ人」の道を選び、現役時代より大幅に収入が下がってしまった時、国の雇用保険がそれまでの給与の一部を出してくれるもので、「高年齢雇用継続基本給付金」と「高年齢再就職給付金」の二種類があります。

受給資格には、次のような要件があります。

・雇用保険に加入している六十歳以上六十五歳未満の一般被保険者（正社員・契約社員・条件を満たすパート・アルバイトなど）
・原則六十歳時点の賃金と比較して、六十歳以後の賃金が六十歳時点の七十五パーセント未満
・被保険者であった期間が五年以上
・高年齢再就職給付金については、基本手当についての算定基礎期間が五年以上あり、再

就職した日の前日における基本手当の支給残日数が百日以上

高年齢雇用継続給付は、賃金の低下率が七十五パーセント未満になった場合に、最大十五パーセントまで補填してくれることになります（賃金月額の上限が四十七万二千二百円を超える時は、四十七万二千二百円）。

現役時代とまったく同じとはいきませんが、給与額減に伴う給付もありますので、トータルで考えるとよいでしょう。

この制度は会社に継続して雇用される場合には、会社が代わりに申請してくれることも多いため、あまり認知されていないのが現状です。

独立後の保険や税金の自己負担に耐えられるのか？

また、社会保険料の問題もあります。

転職を経験したことのない人には意識しづらいことですが、退職すると社会保険料は全額自己負担になります。

これまで入っていた健康保険を任意継続したり、新たに国民健康保険に加入したりする手続きが必要になります。自営業者と同じ、独立した状態ですから、当然、保険料は自腹で払うことになります。

会社を辞めるまでは会社と半分ずつ支払っていた保険料ですが、住民税や所得税などと共に給料から天引きされていたので、「なんだか手取りが少ないなぁ」と不満に思っていた人も多いことでしょう。

しかし、不満を言っていても保険料や税金の督促からは逃れられません。

健康保険料や介護保険料、住民税や所得税を自分で支払わなければならなくなり、実際にその負担額を突き付けられると不安になってしまう人も多いものです。

今までと同じような暮らしをしようと思ったら、「六十歳で退職したら、エブリサンデー〝毎日が日曜日〟だ」という気分にはなれないかもしれません。

継続雇用されていれば、現役時代より収入は落ちますが、六十五歳までは会社員という身分で収入を安定させることができます。これまでと変わらない労使折半負担の保険料で

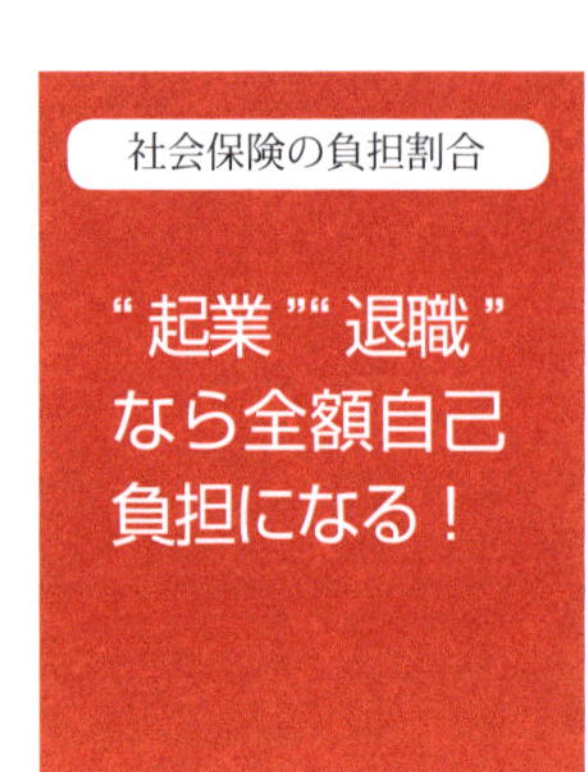

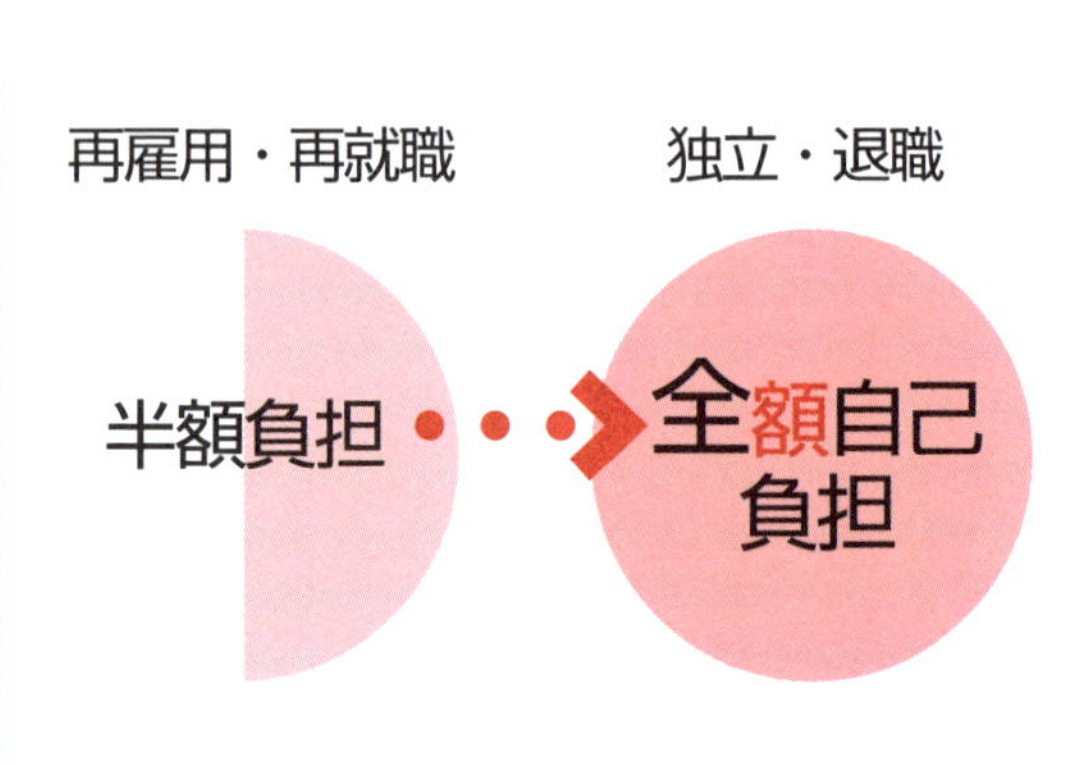

健康保険証が使えるのも、健康が気になる年齢の人にはうれしいことです。

民間の生命保険もありがたいものですが、健康保険証がなければ結局どうにもなりません。会社に雇われている限りは、その保険料を半分会社が肩代わりしてくれているのです。

ちょっと収入が落ちるから、つまらない仕事しかできなくなるからといって、あっさり辞めて本当に大丈夫なのか、しっかり考えておく必要があるでしょう。

正社員や契約社員（または一定の条件を満たしたアルバイト・派遣労働者）として雇用されている立場、いわゆる「サラリーマン」という地位は、国から比較的手厚く保護されています。

若いうちは拘束時間や人間関係などイヤな面ばかりが目につきがちです。

しかし、日本で暮らす労働者として生きている人のほとんどは労災補償や厚生年金が完備され、正社員であれば銀行ローンが通りやすいなど、さまざまな面で優遇されています。

大企業に勤めていれば、会社の名前で大きな仕事を任せてもらえることもあります。

よほど自分のスキルに自信がない限りは、多少収入が下がったとしても継続雇用を選ぶことでこれらの「保障」や「安心」を手に入れることができるのです。

もし、あなたが老後の安定を強く求めるのであれば、急に独立して稼ごうとするよりも、もうしばらく「雇われ人」で生きていたほうが現代社会にあった「堅実」な生き方なのかもしれません。

働きながら年金をもらう「在職老齢年金」でリスクヘッジ

「えっ、働いてたら年金はもらえないんでしょ？」

と、たまに誤解されている人がおられるのですが、働いていても条件に合致しているのであれば、年金をもらうことができます。

これが「在職老齢年金制度」で、六十歳以上で年金の支給対象者となっている人に適用されます。

給料（総報酬月額相当額）プラス年金額（加給年金↓P117参照…を除いた特別支給の老齢厚生年金の月額）が二十八万円を超えないうちは、原則、年金の支給停止を受けることはありません。月に二十八万円あれば、なんとかやっていけそうですよね。

また六十五歳以降は、四十七万円を超えなければ支給停止の対象にはなりません。病気が気になる年齢ですが、これだけあると思えれば生活にも余裕がでるのではないでしょうか。ただ注意してほしいのは、ここで繰り下げ受給を選択した場合には、支給停止された年金額には繰り下げによる増額率が適用されないということです。

もし年金が全額停止される場合には、年金受給開始年齢の繰り下げによる年金額の増額はゼロになるので、働きたい高齢者にとって不公平感も指摘されています。

六十歳から六十五歳の人が注意しなければならないのは、「特別支給の老齢厚生年金」を受けながら、高齢者雇用継続給付を受ける場合です。

まず「特別支給の老齢厚生年金」の受給要件は次のようになっています。

・男性の場合、昭和三十六年四月一日以前に生まれたこと。
・女性の場合、昭和四十一年四月一日以前に生まれたこと。
・老齢基礎年金の受給資格期間（十年）があること。

一方で高年齢雇用継続給付は、給与の減額幅に応じて雇用保険からでる給付ですが、年金給付を受け取りながら、給与と高年齢雇用継続給付を受け取る場合、年金との支給額が調整されることになります。

せっかく年金をもらえるのに、働いていると減額されてしまう……ということになる場合もあるわけです。

それだけ聞くと損した気分ですが、結局のところ健康に働けるうちは、自分の力でお金を稼ぐほうが生活にも張り合いが出ます。（預貯金にも余裕が出ます！）

「働けなくなったら……」、「持病が悪化したら……」という不安だけに囚（とら）われて仕事を辞めてしまうのは、金銭面でも精神面でも考えものです。

「自分のことは自分でする」ということほど、老後の気構えとして大切なものはありません。

もちろん、働かず年金をもらって暮らすことは悪い選択肢ではありません。もはや現役時代のようには体が動かない人もいるでしょう。

これまでがむしゃらに働いてきたので、余生をゆっくり過ごしたいと考える人もいます。貯金や年金と併せて働いた分の給料があれば、十分普通の生活ができる――そんな人は、働く時間を調整しやすいパートタイムでの勤務などができれば、仕事を通して社会とつながっているという安心を持つことができます。

日本の年金制度は他国と比較しても多くの国民にとって手厚く、屋台骨もしっかりしています。しかし、少子高齢化、人口減に伴って年金を支払う世代ともらう世代の不公平を調整する必要が出てきました。

給付額や支給開始年齢はこれからも厳しくなってくる可能性があります。

これからの年金については、「これがないと生活できない」という大黒柱的な存在ではなく、「生活を楽にしてくれる副収入」だと思うくらいがちょうどよいのです。

周りの人が絡みやすい「定年人」になれ!

再雇用制度は一見雇われる側に有利なように見えますが、そうでない面もあります。企業側にとっては長くてあと五歳で定年の人に在籍してもらうよりも、可能性のある若い社員を雇ったほうがよいに決まっているのです。

いずれにしても、現役時代より働く環境や周りの人たちの目は厳しくなると理解してください。

そんなマイナス要因を跳ね返すためには、予め相当の覚悟と頑張りが必要だと肝に銘じ準備しておくとよいです。

ここで再雇用された際の注意点を四つあげておきます。

①**すべてを一旦リセットする**…いくら同じ会社の同じ職場で再雇用されたといっても、まずは退職して雇用契約を再締結するわけですから、これまでの経験や人間関係を一旦リセ

ットする必要があります。役職がなくなれば、これまでの部下が上司になることもあり、それまでの言葉遣いも変わらざるを得ません。役職がなくても自分が先輩なのだから、年下の上司でもタメ口でもよいだろうと、勝手に解釈していると、周りから疎(うと)まれ嫌われて次の契約時に更新されない可能性もあるのです。まずは「そこまで気を遣わなくてよいです」「丁寧にし過ぎですよ」と言われるくらいの応対を目指しても間違いないでしょう。

②**自分の役割を再認識する**…再雇用によって、自分に求められることも変わってくるので、それを自分なりに確認することから始めます。周囲の人たちも本人に対しては気を遣って「これをやってください」とは言いづらいので、周りを見ながら自分で感じ取っていくことが大切です。さらに、担当する仕事がなさそうなら、自ら「これをやりましょうか」と率先垂範するとよいでしょう。

③**自分でできることは自分でする**…これまで部下や周りの人に依頼していたコピーや資料作りなどの単純作業も、すべて自分でこなすことを基本にします。新入社員に戻った感覚で仕事に従事するなど、真摯な態度で取り組めば、周りからもリスペクトしてもらえるようになります。

④自分の話をするより人の話を聞く…自分から発信するより受信して、それに対して応えてあげるようにすれば、経験豊富な年上の相談相手として認識されます。そういう噂はすぐに広がって、あなたの存在価値が上がること間違いなしです。まずは話しやすい雰囲気を造り出すだけでもよいので、日頃から心がけることが大切です。

至極当然のことと思われるかもしれませんが、自分のことになるとなかなか行動できないものです。これらを常に意識しておくとよいでしょう。

再雇用時の〝奥の手〟のメリットとデメリット

〝定年人〟にとって再雇用制度は優先して検討すべきですが、もう一つ〝奥の手〟があります。「再雇用」契約ほど収入も減らず、業務内容もこれまで通り、そしてモチベーションも保てるという一石三鳥の方法です。それは、会社と雇用契約ではなく業務委託契約を結ぶ方法です。

つまり会社という組織に所属して働くのではなく、会社から業務を請け負うというやり方です。

形式としては会社員ではなくなりますが、個人事業主ということになるので、〝定年人〟が気になる老齢厚生年金支給停止の対象にはなりません。

ここで本題から少しそれますが、再雇用と年金支給の話をしておきましょう。

年金受給が可能になる六十歳や六十歳を過ぎて働く場合、一定以上の収入を得ると、年金の一部または全部が支給停止になります。

現在、年金の支給開始年齢は徐々に六十五歳支給開始へ移行しつつありますが、前述したように「特別支給の老齢厚生年金」というものがあり、まだ一部の年齢の人については、六十歳代前半で年金を受給することが可能です。

年金支給と給与所得を受ける場合には、「支給される年金額」と「給料の合計額が月に二十八万円を超える場合」に年金が一部支給停止となるのです。六十五歳以降になると、その金額が四十七万円となります。

ですから契約を結ぶ際には、その辺をよく理解しておくことが大切です。

同業他社からも業務を請け負えるというメリット

さて業務委託契約の場合には、自分のスキルをよく理解している会社からの業務を委託されるわけですから、仕事もやりやすいし、要領もわかってモチベーションもより高まります。

会社にとっても、基本的には煩雑な手続きはありません。

会社側のメリットは、雇用契約ではないので各種の社会保険料を負担しなくてもすむことです。そして、その業務が必要でなくなればいつでも契約を見直すことができます。

再雇用契約を更新しないケースでは、労働者保護の観点から、会社として躊躇（ちゅうちょ）することも多いのですが、業務委託契約の場合にはそんなことはありません。そのため、多くの会社は業務委託をメリットとしてとらえています。

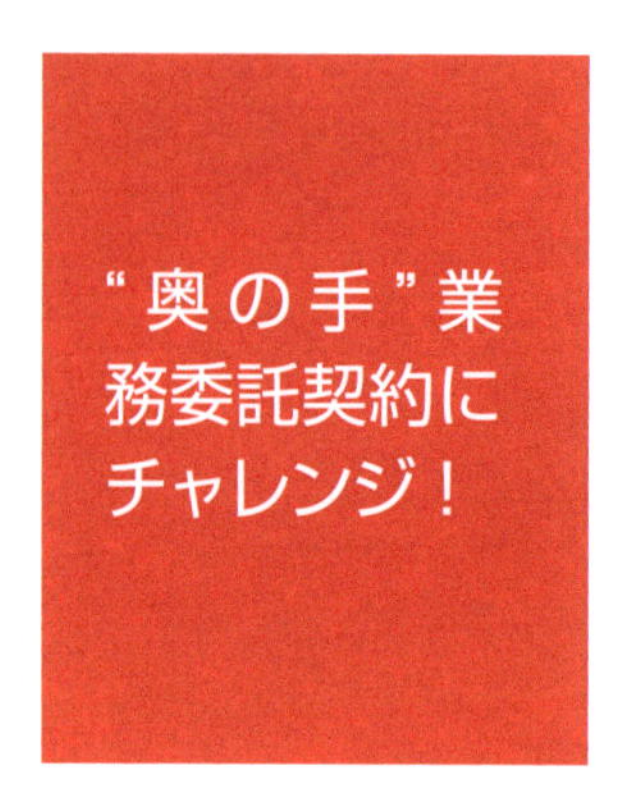

一方、働くほうにとってのメリットもあります。

契約上は雇用ではなく業務委託なので、制約がない限りにおいては、他の企業から新しい仕事を請け負っても問題はありません。

同業他社からの業務委託などには守秘義務などが発生する場合もあり、デリケートな部分もありますが、「会社に雇ってもらう」のではなく「業務を提供して対価を受け取る」というビジネスライクで、対等な関係が築けるのも大きな自信につながります。

業務委託で実績を作り信頼を受けることができれば、仕事も増えて自らの事業の発展につなげることも期待できます。

そうなれば夢も大きくなり、やる気もますますアップするに違いありません。

実は、この業務委託契約は以前から注目されていたのですが、企業側のほうが「前例がない」、「法律上の環境が整わない」などといった理由で、なかなか広がることはありませんでした。

しかしここ数年で労働環境や雇用情勢は大きく変わりました。副業が認められたり、定年の延長が検討されたり、いろいろな雇用形態が認められつつあります。

ただし会社によっては、業務委託契約を結ぶのは会社（法人）対会社（法人）になるので、個人は認めないというケースもあるかもしれません。

その場合には個人会社を作ってしまえばよいのです。現在なら株式会社はわずかな資金でも設立することができるので、検討する価値はあるでしょう。

〝ファーストペンギン〟になる覚悟とは?

ここでもう一度、業務委託契約のメリットとデメリットを詳しく整理しておきましょう。

《業務委託契約のメリット》

・得意とする業務のみを専門として従事できる
・高価値の業務を行えるスキルがあれば高収入も可能になる
・契約に基づいた業務を完了すれば対価をもらえる
・業務の進行や内容などで自分の裁量で進められる
・依頼業務を断ることが可能になる

《業務委託契約のデメリット》

・労働法が適用されないので、働き方や健康管理は自己責任になる
・企業との契約や報酬の交渉は自己責任で行わなければならない
・確定申告などの税金の申告は自ら行わなければならない
・新規の仕事は自分で開拓しなければならない

ここでいちばん気になるのは、業務委託契約の場合は労働者ではなく、あくまで個人事業主のような自営業と見なされるので、労働法の適用ができないことになります。労働法が適用できないと、結果、次のようなことが起こります。

*労働時間の規制がない…一日八時間、一週四十時間以内の法定労働時間という制約がないため〝残業〟という概念がなくなる。
*賃金規制がない…業務によっては報酬が最低賃金以下の場合もありえる、残業代ゼロ、報酬の値下げの可能性もあり。
*解雇規制がない…企業からの突然の契約の打ち切りや解約もありえる。
*労働保険がない…企業からの契約解除でも失業保険は支給されず、仕事による傷病でも原則、労災保険が適用されない。

つまり業務委託契約で働く場合には、業務内容や仕事に対する対価、そして企業との契約内容まですべてが自己責任になるということです。

初めての人にとってはかなりハードルが高くなりますが、ひとりで悩まないで周りにこの形態で働いている人を見つけて、話を聞いてもらい相談してみることが大切です。

先頭を切って危ない橋を渡る〝ファーストペンギン〟になるかどうかは、あなた次第です。

もうひとつ、業務委託契約は法人対法人のドライな契約関係であり、雇用関係はないので、委託する側が満足のいく業務内容や結果が得られないと判断すれば、あっさり契約を解除してきます。

つまり、自分のスキルと技術に余程の自信と実績がなければ、企業側と対等の関係にはなれません。対等の立場だと勘違いすると、残念なことに、すぐに契約を打ち切られて仕事がなくなることもあります。

実績や信頼が十分でないうちは特に、何があっても「クライアントファースト」「顧客が第一」だと肝に銘じて対応することです。

「再就職=転職」はかなりハードル高し!

次は再就職の話ですが、先述したように再雇用を選択する人が約八割の中、別の会社への再就職を選ぶにはかなりの勇気を要します。

一旦今の会社と仕事に区切りを付けるというのは、〝第二の人生〟を楽しむことにつながるのでしょうか。

「再就職=転職」というイメージでいうと、若い頃ならまだしも六十歳前後になるとか

“定年シニア”の転職はほぼ失敗!?

転職成功率は15%
▼
定年前の3分の1以下

なりハードルが高くなります。

六十歳以上のシニアの転職成功率は十五パーセント前後で、五十九歳以下と比較すると三分の一以下まで落ちてしまいます。かなりの実績とスキルがないとよい条件の就職口はなかなか見つかりません。

さらに五十五歳以上の転職では、給与も三割前後減ることを覚悟しなければなりません。

シニアになってからあまり興味の持てない仕事を安い給料で続けることは、かなり厳しいでしょう。

また再就職先の定年制度も確認しておく必要があります。中小企業などはしっかりした定年制度が整備されていないこともありますから、その辺も確かめるようにしてください。

ハローワークのインターネットサービスでは全国の求人募集を検索できますが、希望の地域を打ち込んでみても、ヒットするのはほとんど単純労働の職種だけです。

体力に自信のある人は除いて、定年前後から初めて屋外の肉体労働に従事するのでは体調に異変が起こる怖れもあります。

できれば屋内でそれほど体力を必要としない職種が安心でしょう。例えば郵便局の郵便物の仕分けや配送の準備などです。

日本郵政のホームページから各地の郵便局の求人募集を検索すると、ほぼ全国の郵便局が登録されています。郵便局は常時募集するほど求人難です。

最初はパートやアルバイトから始めて、仕事ぶりが認められれば正社員の道も開かれているようです。ただし、若い就職希望者が優先されますから、いずれにしてもハードルは低くはありません。

就職口はハローワークよりも人脈から探せ!

再就職を希望する人は、これまでのスキルと実績を活かして新しい職場で働きたいでしょうから、それにはハローワークやインターネットで不特定多数の中から検索するより、人脈を通じて探すのが効率的でよい方法です。

会社の上司や同僚、取引先の担当者などこれまで仕事で知り合った人脈をたどっていくと、自分に合った就職先が見つかる可能性が高いのです。

その人たちはこれまでのあなたのスキルや実績、さらに性格などもある程度理解しているので、相手先の企業との要望もマッチングして探すことができます。

これがよりよい方法ですが、ひとつ問題なのはわざわざ紹介された就職口を、自分の希望に合わないといって断れるのかということです。

この辺は不安をもって入社してから、やはり社風や業務にそぐわなかったといって退社するより、前もって断るほうがよほど誠意のある対応です。

言うまでもありませんが、断る時にはその理由をきちんと説明し丁重に応対して、「これに懲りずにまたよい話があれば紹介してください」とお願いしておくことです。

相手は断る際のあなたの態度を見ているので、そこで信頼を得れば再びよい就職口を紹介してくれるでしょう。

何事もピンチをチャンスに、マイナスをプラスにすることを常に心がけることです。

よい話が舞い込むには、かなりの時間を要すると覚悟しておいてください。一朝一夕にはうまく進むはずがありません。

したがって、自分の希望する再就職口を探すには、定年のかなり前から人脈作りも意識して始めておくことです。

忘れてはいけない！「再就職＝転職」の大きな落とし穴

かなりハードルが高いとされる定年後の再就職ですが、実はいろいろなメリットもあります。

まずは、元の会社からの再雇用の誘いを断って再就職する場合がほとんどなので、人材的には優秀で人格的にも優れた人が多いのです。

相手先の企業からも貴重な人材として歓迎され、仕事もやりやすくなります。周りからもリスペクトされて、モチベーションも上がります。

転職先としてはすごくよい環境ですが、ここにひとつ落とし穴があります。それは、企業側の期待に応えられないと、反動として厳しい視線に晒(さら)されます。

特に業績や結果がついてこないと居たたまれなくなり、早期に退社しなければなくなるということもあり得るのです。つまり、条件や環境がよいということは、すぐに結果を求められるということになります。

ですから、人一倍早く業績や結果に結びつけること、これが何にも増して重要なことで、早ければ早いほどよいのです。

それまでは、気持ちを引き締めて業務に邁進すること、決して気を緩めてはなりません。

次に「再就職＝転職」ですから、職場も人心も一新されて、新入社員と同じ気持ちで新しい会社で業務にあたれます。

過去の失敗もギスギスした人間関係も一掃されるので、これまで以上にやる気が出ることは確かです。

最高の気分転換として楽しみながら仕事に従事できるのは、「再就職＝転職」のいちばんのメリットではないでしょうか。

相手先の会社でも、変な先入観抜きに白紙状態で受け入れられるので、本人からするとやりやすい職場になります。少しでも実績を上げれば、すぐに評価につながるわけですから、前の職場の評価を引きずることはないのです。

再雇用の場合には同じ会社で働くのですから、自分の評価はほぼ決定していて、どんなに頑張ってもそれほど変わることはありません。

ということは、仕事に対する希望もやる気もなかなかアップすることはないのです。

「人間は環境の動物」と言われるように、やはり職場が変わることですべてが一新され、これがよい方向に進めば、企業も本人もウイン・ウインの関係になれるのです。

「再就職＝転職」ケースの〝タブーあるある〟

運よく希望する再就職先が見つかったら、予め新しい職場での振舞い方を学んでおきましょう。

おそらく定年までひとつの会社で長年働いてきた人は転職経験がないので、まったくの新しい職場でどのように振舞ったらよいかわからないはずです。

ゼロから始めるわけですから、ひとつ間違えば瞬く間にマイナスイメージがついてしまいます。

そうならないためにも、「再就職＝転職」ケースの〝タブーあるある〟場面を紹介しておきましょう。

すべて前の会社と比較する…何かというと「前の会社では～」「私の経験では～」と比べたがるのは、周りからは自慢したいだけの鬱陶（うっとう）しい人に映ります。会社には会社ごとの、職場には職場ごとの決まりや約束事があるので、それを頭から否定しては、自分では悪気がなくても周りと軋轢（あつれき）を生むのは避けられません。繰り返していくと、皆あなたのことを敬遠するようになります。そうなると、業務や人間関係においても、すべてにマイナスになるので絶対にやってはいけないことなのです。まずはどんなことでも一旦従ってみてから、意見を言うようにします。それも相手から求められた場合にのみ、「こういうやり方もあるのではないですか？」と角が立たないよう発言するのもポイントです。

その会社の〝空気〟が読めない…会社の中ではいろいろな理不尽なことが渦巻いています。会社や社長の悪口であったり悪い噂であったり、限りなく私用に近いケースで交際費を利用したり、上司が不倫をしていたり、目を反らせたくなる場面にも遭遇します。その際、正義感を発揮して正論を述べるのもよいのですが、おそらくそんなことは皆理解しているはずなのです。フーテンの寅さんではありませんが、「それを言っちゃあ、おしまいよ」という場面では、新参者は口を出すべきではないでしょう。おかしなことについて詰問する役割の人は他にもいるはずですから、自分の役割はあくまでひたむきに業務に従事して結果を出すことだと言い聞かせるとよいでしょう。

新しい職場に入って周りから期待されチヤホヤされていると、つい浮足立って余計なことを言ったりやったりしがちです。

自分では悪気がなくて、その会社のためだと思っていても、周りはそのように受け取らないケースも多いのです。

何事も初めが肝心なので、気負いすぎて勇み足をするのではなくて、まずはなるべく早く実績を上げて、信頼を積み重ねていくことが大切です。

企業側があなたに求めている〝３Ｙ〟

再就職する場合の定年シニアに求められる心得として、七か条をあげておきます。
そうすれば、「いつまでもこの会社にいて欲しい」という声がどこからともなく上がってくるでしょう。

《定年シニアの七つの心得》

一、頼まれごとはどんなことでも気持ちよく引き受ける
二、勤務中でもプライベートでもうわさ話や無駄話をしない
三、過去の話（特に自慢話）は聞かれない限りはしない
四、アドバイスを求められたら快く簡潔に話す
五、身なりは清潔感を保つ
六、進取の気持ちを忘れない
七、自分の仕事は自分で作り出す（仕事は与えられるものではない）

ごく当たり前の内容ですが、定年までの長年の勤続疲労で忘れ去られていることも多いものです。今一度、思い出して実行するようにしてください。

ここで、再雇用でも再就職でも企業側があなたに求めていること〝3Y〟をあげておきます。

まずは給与など必要経費が安い（1Y）ことです。

企業側の人件費は限られているので、定年後も高い給与を払い続けられるわけではありません。安い人件費で費用以上のパフォーマンスを出すことができれば、働く道はつながっていきます。

二番目はなるべく休まない（2Y）ことです。突然休まれると、急に人員配置を変更しなければならず、仕事の効率も大幅にダウンしますからご法度です。

三番目は辞めない（3Y）こと。せっかく雇ったのに、すぐに辞められたら、採用のコストなどがすべて無駄になってしまい、再度募集しなければならなくなります。無駄な手間と費用をかけさせることになり、これはいちばんやってはいけないことです。

「七十歳でも働きたい！」のは大いなる不安の裏返し

この章の最後で、定年の延長や雇用継続年数の延長についても触れておきましょう。

日本経済新聞などのアンケート調査によると、「七十歳以上まで働きたい」という人が三割も占めていることがわかりました。現在実際に働いている人に限れば、四割近くにアップします。

さらに詳しく見ると、年収が低いほど就労意欲が高まりますが、それは老後に不安を感じている裏返しだと考えられます。

実際に七割の人が老後に、経済面や健康面で何らかの不安を抱えており、だからこそ働けるだけ働きたいというのが切なる思いです。

そのような国民の状況もあり、政府は現在、六十五歳までとなっている雇用継続年齢を七十歳に引き上げる方針のようです。

そうすると、就業率がどれくらい上昇するのかを試算すると、六十～六十四歳の就業率は二〇一七年時点で六十六パーセントです。

内閣府の調査では、六十歳以上で働く高齢者のうち八割は六十五歳を超えても仕事をしたいと考えていることからすると、六十五〜六十九歳の就業率は五十三パーセントになり、二人にひとり以上の人が継続して働くようになります。


また、公務員の定年の延長についても検討されています。

現在約八割の企業が六十歳定年制を採用していますが、人手不足を背景に六十五歳に延長するとともに、管理職を外す「役職定年」や給与の減額制度の導入なども検討されています。

「働き続けたい」というシニアの希望と人手不足がマッチした形ですが、政府にとっては、就労機会が増えることで税収が増えることになり、健康寿命が延び医療費の抑制にもつながります。

ただし定年の延長や雇用継続年齢の引き上げばかりでなく、それに関連して年金の支給年齢の引き上げも検討されています。

シニアにとってはよいことばかりとは限りません。自分の境遇や行く末を考えながら注意深く見ていく必要がありそうです。

第3章

六十歳から
お金の
“リアル”！

「定年後四十年でお金がいちばん心配！」

「人生百年時代だってよ」

「定年後四十年…」

「あ、足りるかな…お金…」

と不安になって、同僚から
「何から始める？」

と聞かれて真顔で
「資産作り」

と答えるCMが最近話題になっています。

主役で俳優の佐々木蔵之介さんと会社の同僚がテレビの人生百年時代の特集を見て、「やりたいことがいろいろあって、時間もたっぷりあるな四十年」と考えて、やりとりしている場面です。寿命が延びるのはよいことですが、それだけに生活資金も〝長寿〟にならないと大変なことになります。

　ある著名なファイナンシャルプランナーによると、

「平成の最初の頃の中高年からの相談では資金への危機感は薄く、生きがいや健康などへの関心が高かった。今では様変わりだ」

として、長寿に対するメリットや喜びではなく、お金に対するリスクを心配するケースが増えているといいます。

　確かに七十歳以上の高齢者の一世帯当たりの金融資産の平均額は過去二十年を見ると、横ばいであり、長生きするほど資金が枯渇するリスクは高まっています。

　さらに年金財政の健全化と称して、年金支給年齢を六十歳から六十五歳へと段階的に引き上げが始まり、日銀のゼロ金利の導入で預貯金の金利もほぼゼロになって資産価値が下がり、ますます長寿リスクが高まっているのです。

年金受給額はこれから目減りし放題!?

　また、高齢者は若年層よりも物価上昇に伴う負担感が大きく、日常生活におけるお金の

これから年金は目減りするばかり!?

実質給付額は

100%→94%

マクロスライド方式で

年金額が目減り

重圧が大きいといわれています。

ある調査機関の統計によると、二〇一四年から一七年までの四年間で、物価上昇率は四十歳未満の世帯で三・七パーセントでしたが、六十歳以上の世帯では五・五パーセントにのぼりました。

これは、生鮮食品や家屋の修繕費用、通信費などで六十歳以上の負担感が増していることが原因です。これらの費用は若年層では比較的少ない支出分野ですが、定年シニア世代ではどうしても必需品や必要経費として負担が大きくなります。

年金の実質給付額は二〇一二年を百とすると、一八年は九十四程度で年金の実質的な目減りが進んでいます。その反面、物価が上昇する状況で財布のひもは固くなり、保有資産も減額しています。

これは二〇〇四年に成立した「マクロ経済スライド」という方式で、公的年金の支給額を決める際に物価や賃金だけでなく、年金制度を支える現役世代の減少や受給者の長寿化などを反映させるという政策の影響です。

物価が上がっても、年金受給上昇率は物価上昇率からスライド調整率（現役世代の伸び率―平均寿命の伸び）を差し引くので、相対的に見ると、その分年金額が目減りすることになります。いずれにしても、年金受給者には厳しい懐具合が続きそうです。

このようにこの先、年金が増額されたり金利上昇によって資産が増えたりという可能性はほぼゼロに近いわけですから、自助努力によって老後に備えなくてはならない時代に突入したのです。

人生でいちばん影響を受けた〝本〟は「預金通帳」

日本では昔から、お金に関することに頓着（とんちゃく）するのは卑（いや）しいことのように考えられてきました。

日本古来の滅私奉公の精神は自分（私心）を捨ててお上（公儀）に尽くすという意味ですが、そこには「お金」の「お」の字も出てきません。

これは武家社会であった江戸時代における中心的な思想で、封建制度が長期安定していた時代だからこそ成り立った精神なのです。

その後、社会が混とんとなり激動の時代に突入するにつれて、何はなくても先立つものは「お金」ということになっていくのです。

ＮＨＫの情報番組「英雄たちの選択」のＭＣでおなじみの歴史家、磯田道史氏は

「日本人はお金について口にするのは恥ずかしいこと、はしたないことだという意識があって、なるべく触れようとしないところがありますね」

としながらも、続けて

「お金について考えるのは清らかなことだと思っています。なぜなら、お金について考えることはどう生きるか、未来をどうするかを考えることだと思うからです」

さらに、

「私の好きな小説家の内田百閒は『金の話は清談』だと言っています。また、ノーベル文学賞の受賞者である劇作家のバーナード・ショーは、人生でいちばん影響を受けた本は

何かと問われた時、『銀行の預金通帳だよ』と答えたそうですが、これは一面の真理を突いていると思いますね」

と語っています。（日本経済新聞・二〇一九年二月十三日付）

一方で、「五十歳になった時の預金通帳の額が、あなたのこれまでの人生の通知表です」という言葉にもあるように、すでに〝勝負〟はついているのかもしれません。

十億円の貯金のある人、二千万円の有価証券を持っている人、資産がまったくのゼロの人、数百万円の借金がある人など人生はさまざまですが、人生百年時代ですから、何とかもがきながらでももうひと踏ん張りして、少しでもゆとりのある余生にしたいものです。

ですから定年シニアになったら恥も外聞も捨てて、日本人にありがちな体面作りも顧みず、よりお金に関心をシフトした生活をすることも、豊かな老後を過ごすには大切なことなのかもしれません。

〝日常生活費〟〝臨時出費〟〝遊興費〟の三つが基本支出

「定年シニア＝ゆとり」のイメージからすると、子どもが独立して預貯金もそれなりにあり、現役の時より収入が減っても日々の生活には困らずに暮らしていける保有資産があるはずと考えられがちです。

しかし実際には、五十代の三人にひとりが預貯金ゼロ、さらにその上の六十代でも七十代でもほぼ同じ割合で預貯金を持たない人がいるとされています。さらに四割の人が五百万円以下としています。

巷では日本人の平均貯蓄額二千万円というウソのような金額が喧伝(けんでん)されていますが、これは資産を有している人の平均金額で、莫大な資産家が少しでもいれば自ずと高額になるわけです。

それに対して、資産を持たない人も含めた平均金額となると約一千万円ほどになり、少し〝肌感覚〟に近い感じになりますが、いずれにしてもシニア世代でも資産ゼロ層がかな遊興費は“自分へのご褒美”として大事！

見直すのは生活費 遊興費で心のゆとりを

り存在するということなのです。

ですから、シニア世代で実際に資産を持たなくても悲観的になったり落ち込んだりする必要はありません。

第一章でもお話ししましたが、定年シニアの生活にはまずいくら必要で、どのくらいの収入があり、支出はどの程度かを確認することから始めます。

最初に出費を三種類に分けて算出しますが、通常の日常生活費はほぼ固定されているはずですね。

食費や光熱費、通信費、住宅費などですが、シニア世代になればだいたいの金額は想像がつくはずです。

食費だとスーパーなどの一ヵ月分のレシートを確認したり光熱費なら口座引き落としの金額をチェックしたりすると把握できます。

食費ならひとりで何人前も消費できるはずもないので、年間を通してそれほど変わりはありません。

二番目は臨時出費で、医療費や慶弔費などがそれにあたります。

突発的な出来事で急な出費が発生しますが、それは一時的なものですからそれほど大きな負担にはなりません。これは、預貯金を取り崩して賄うことも可能です。

寒くて寂しい〝さむさみしい〟老後にならないために

最後は趣味や旅行、外食などの遊興費です。一見無駄な費用で節約したほうがよいと考えがちですが、これは間違いです。

若い頃からこれまで苦労して働き、やっと定年を迎えてホッとできる年齢になったのですから、自分にご褒美(ほうび)を与える意味でも計上したほうが心のゆとりが生まれます。

会社を定年退職し子どもも独立し、身近に意欲を掻(か)き立てるものがないからこそ、遊興してやる気や生きがいを再発見するという意味では大切なことです。

もちろん度を過ぎてはいけないので、予め上限は決めておく必要があります。今月は旅行で贅沢をしたので、来月の外食は少し控えるとか、高額なデジカメを買ったので飲み代を抑えるとか、趣味のためにはお金のやりくりをするのも楽しいものです。

ですから、出費を見直し倹約する対象は日常生活費と臨時出費の二つです。

両方とも、年齢を重ねると若い時ほど費用はかからないはずです。食事の量は減るし、電気代やガス代、電話代なども家族の人数が減った分だけ出費も少なくなります。

意識して倹約しなくても自然減にはなるはずで、これまでの出費額に比べて六割から七割くらいにはなるのではないでしょうか。

その辺を確認して、もう少し節約できそうな項目があれば、さらに工夫してみるとよいでしょう。

寒くて寂しい〝さむさみしい〟老後にならないように、節約するところと楽しむところを分けることが大切です。

「再雇用」プラス「年金繰り上げ受給」がベターな選択

次は毎月の収入分について確認します。これは定年後、再雇用や再就職するか、あるいは年金生活に入るかで変わってきます。

会社員として定年を迎えたのなら、一般的な選択は同じ会社に「再雇用」されることです。実際には、定年後に再雇用制度を利用する人は八割を超えています。

この場合、会社の経費節減を図るために役職がなくなったり、契約も一年ごとの雇用契約になったりします。また、給与額も大幅にダウンするようになります。

平均的な減額率は三割〜四割程度ですので、これまでの六割〜七割程度の給与になるわけです。中には、七割減になってしまうという厳しいケースも見受けられます。

そうなると減額分をどうするかが問題となります。

前述したように支出を極力減らしたとしても、赤字になることがありますが、その対処法には二つの方法があります。

まず預貯金を取り崩し賄う方法です。一千万円の預貯金があるとして、毎月五万円ずつ取り崩していくと、二百ヵ月、十六年と半年余りで底を突きます。その間、臨時出費も重なりますから、定年から十数年でゼロになってしまう計算です。

その時は七十歳前半で、仮に九十歳まで生きるとすると残りの十数年をどうやって過ごしていくのか、最悪の場合、路頭に迷わなければなりません。

もうひとつは、年金受給を繰り上げしてもらうこと。この損得についてはプロローグで紹介しましたので、ここでは年金の基礎知識や受給の手続き、注意点など細かいことについて触れておきましょう。

年金制度は「国民年金」と「厚生年金」の二階建て

まずは公的な年金の基本的な仕組みですが、企業や公共機関に所属して働いていた人は国民年金（一階部分）と厚生年金（平成二十七年に被用者一元化法が施行され、厚生年金と共済年金が一本化されている）に加入する二階建てになっています。

年金は会社員や公務員の場合は国民年金プラス厚生年金から支払われることになります。

自営業者の場合は一階部分の国民年金だけになりますが、それだけでは不安な場合には任意で国民年金基金に加入できます。

その他、民間の保険会社や証券会社などが募集している私的な年金にもたくさんの種類がありますが、ここでは公的な年金を中心に説明していきます。

年金をもらう場合、つまり年金給付は三つのケースに適用されます。

一番目は適用年齢に達した際にもらえる老齢給付です。

通常は六十五歳から老齢基礎年金（一階部分）と老齢厚生年金（二階部分）が支給されます。

その際には受給資格を満たしていることが条件で、これまでは国民年金と厚生年金、共済年金の加入期間が合わせて二十五年以上が必要でしたが、二〇一七年八月一日からは十年以上収めていれば受給できるようになりました。

老齢基礎年金は、保険料の納付期間が四十年を満たして初めて六十五歳から満額支給されます。その間にもし何らかの事情で納付していない期間などがあれば、その分は少なくなります。

老齢厚生年金は、納付期間の給与等の報酬額に応じた金額（保険料）が徴収されているので、それに比例した金額が支給されます。

二番目は障害給付で、厚生年金の加入者が病気やケガで障害者になった時には、障害基礎年金と障害厚生年金が支給されます。障害の程度は厚生労働省の定める認定基準の一級から二級（障害厚生年金は三級も対象）に該当した場合となります。

大まかに説明するなら次のようになります。

・障害等級一級…日常生活にも他人の介護を必要とする程度のもの
・障害等級二級…必ずしも他人の介護を必要としないが、日常生活が困難で、労働して収入を得ることができない程度のもの

詳しくは、日本年金機構や厚生労働省の国民年金・厚生年金保険の障害認定基準に関するサイトをご参照ください。

最後の三番目は遺族給付で、一定の要件を満たしている人が亡くなった場合、亡くなっ

た人の子のある妻、または子に対して遺族基礎年金と遺族厚生年金が支給されます。遺族の要件として、亡くなった人に生計を維持されていた妻など、子、父母、孫および祖父母が対象となり、妻以外の遺族には年齢などの制限があります。

このような給付がありますが、定年シニアとしていちばん関心が高いのは、定める年齢に達すれば誰でも支給される老齢給付です。

「ねんきん定期便」は年金納付の「国からのレシート」

老齢給付の支給額については「ねんきん定期便」を参照するのがいちばんわかりやすいのです。

「ねんきん定期便」は毎年誕生月に日本年金機構から送られてくるもので、五十歳以上の場合はこれまでの加入実績と今後の見込みを含んで支給額の目安が掲載されています。

今後の見込みとは、現時点の給与水準のまま六十歳まで働き続けることを前提として算出された支給金額です。

会社からの給与明細を「会社からのレシート」とすると、「ねんきん定期便」は「国からのレシート」といえます。

会社からの給与明細も無関心ですぐに捨てる人がいますが、国からのレシートは内容を確認して保管することを強くお勧めします。

なぜなら、企業側が従業員の年金をまとめて日本年金機構に収めることになっていますが、企業の中には経営不振による資金不足などで保険料を使い込み、満足に収めていないケースもあるからです。

あるいは、本来の基準額より少ない金額しか払い込んでいない場合もあり、そのまま放っておくと年金額が自分の思っていた額と違うことにもなりかねません。

そんなリスクをなくすためにも、「ねんきん定期便」の内容を確認しておくことが大切です。

まずは年金払い込みのレシートになるページの確認で、「最近の月別状況です」という項目をチェックします。

その項目の「厚生年金保険」の欄に記載された「標準報酬月額」と「標準賞与額」を見て、

実際にもらった給与額や賞与額と大きく違っていないかを確認します。何かのミスや、あるいは故意に少額の等級に記載されている場合もあるので、納付額が低すぎないかチェックすることが大切です。

標準報酬月額と標準賞与額は、給与額や賞与額をいくつかの等級に分類しているため、完全には一致しませんが、おおよその額では判断できます。

また国民年金に加入している人、あるいは国民年金に加入していた期間は厚生年金の欄は「納付済み」という表記になっています。

「住所の確認」と「見込金額」の確認を忘れるな！

もうひとつ大事な点は住所の確認です。

もし日本年金機構が送付した封書が返送されてきた場合には、宛先の該当者が移転しているということで、所属会社に住所変更を促すことができます。

「ねんきん定期便」が届かないと、自分の年金保険料の納付記録や受給見込額などが確

認できず、知らないうちに年金の未納にもつながりかねませんので、未着の場合には必ず日本年金機構に問い合わせることが大切です。

その場合、所属する会社から問い合わせてもよいのですが、担当者を通すと時間がかかることもあるので、自分で直接「ねんきん定期便」に記載された日本年金機構の問い合わせ先に確認するのがいちばん確実です。

そして何よりも確認して欲しい箇所が、「老齢年金の種類と見込金額」という欄です。これを見ると、将来受け取る年金額（現時点での見込額）がわかります。

欄は「（1）基礎年金」と「（2）厚生年金」という二層になっていて、受給開始年齢と特別支給の老齢厚生年金や老齢基礎年金の金額が記載されています。

この右下の欄にある（1）と（2）の合計金額を確認すると、六十五歳からの年金受給金額がわかります。この金額は年額なので、十二カ月で割ったものが月額になります。

ここでひとつ注意点があります。この先役職定年などで給与が減額された場合には、その分見込み金額には反映されないので、試算分より下がることになります。

例えば五十五歳から年収が三割減になる規則がある会社に勤務している場合では、五十五歳以前に受け取る「ねんきん定期便」の見込み金額には反映されていないのです。

そのままの金額を年金受給額として見込んでいると、誤算を招くことになるので注意する必要があります。

実際の支給は年六回に分けて支払われ、支払月は偶数月の二月、四月、六月、八月、十月、十二月の各十五日になっています。

それぞれの支払月には、その前月までの二ヵ月分の年金が支払われます。例えば、四月に支払われる年金は二月と三月の二ヵ月分になります。

また本年四月より記載内容が若干変更されて、繰り下げ受給で七十歳まで遅らせると最大四十二パーセント増額されることが、図を用いて説明されるようになりました。

国の方針として、働くことができる人はできるだけ受給を遅らせてもらうことで、年金財政の収支を改善したいという意図が伺えます。

「特別支給の老齢厚生年金」の誤解を解く！

通常の年金受給以外の「繰り上げ」と「繰り下げ」については、巻頭のプロローグで紹

「もらえる年金はすべてもらう」ことを忘れるな！

特別支給についての２つの誤解とは？

▼

繰り上げ受給と誤解
雇用期間中は受給不可と誤解

介しましたが、それ以外にもいくつか例外の支給方法があります。

まずは「特別支給の老齢厚生年金」です。

これは年金の支給開始年齢が六十歳から六十五歳に引き上げされた際に、段階的に支給年齢を引き上げることを目的として制定されました。

一部の対象者に限定されていますが、六十五歳よりも早く年金が受給できる例外的な措置です。

一部の対象者とは、男性は一九六一年四月一日以前、女性は一九六六年四月一日以前の生まれで、老齢基礎年金の受給資格期間を満たし、厚生年金の被保険者期間が一年以上ある人です。

該当者には日本年金機構から「年金の請求手続きのご案内」という書類が送付されてきますが、ここで誤解をして手続きをしない人も多いのです。

その誤解とは、次のような点です。

①「特別支給の老齢厚生年金」を年金の繰り上げ受給と勘違いして、年金額が減額されると思い込む

②定年後も働いて給与をもらっている間は年金はもらえないと思い込む

①の勘違いは、「特別支給の老齢厚生年金」は年金の繰り上げ受給とはまったく関係がないもので、もちろん減額の対象になることもありません。

②の勘違いは、定年を超えても働き続ける人は多いのですが、月給（賞与を十二ヵ月で割った金額を含む）と毎月の年金額の合計が二十八万円以下なら、年金は全額支給されます。

合計額が二十八万円以上になると超えた分が一部カットされますが、その際年金受給額が数百円とか数千円とか少額になると、手続きが面倒だということで放置するケースもあります。

しかし、例え支給額が少額でもゼロでも手続きをしておいたほうがよいのです。

なぜなら、給与が下げられて二十八万円を切った際にも自動的に支給されるので、もらい忘れが防げるからです。

したがって、①と②の場合でも問題なく支給されるので、速やかに申請手続きを行うことです。

年金受給の大前提は「どんな場合でも申請手続きをしないと支給されない」ということなので、これはしっかりと理解しておく必要があります。

「加給年金」と「振替加算」で年金収入をアップ

もうひとつ知っておいて得をするものに「加給年金」があります。

少し複雑でわかりにくい制度で、ここでは大枠を紹介しておきますので、詳細は必ず日本年金機構や年金事務所などに問い合わせてください。

加給年金とは、年金に付いてくる「家族手当」のようなもので、対象になるのは生計を維持されている配偶者または子どもがいる次の条件に合致する人になります。

・二百四十月以上厚生年金の被保険者期間※がある
・六十五歳到達時点（または定額部分支給開始年齢に到達した時点）で、配偶者が六十五歳未満、子どもが十八歳に達する日の属する年度末まで（または一級・二級の障害の状態にある二十歳未満の子）
※中高齢の資格期間の短縮の特例を受ける人は厚生年金保険（一般）の被保険者期間が十五～十九年

年下の配偶者を持つ夫婦ならとてもお得な制度で、夫（妻）が六十五歳で妻（夫）が六十歳なら、月額三万二千円ほど、夫（妻）の厚生年金に加算されることになります（受給権者の生年月日が昭和十八年四月二日以後の場合）。

妻（夫）が六十五歳になるまで支給されるので、五年間で合計二百万円近くの収入増になります。

夫（妻）が繰り下げ受給を選択した場合には、通常は妻（夫）が六十五歳未満でも支給されませんが、条件によっては、国民年金を繰り下げて厚生年金だけを受け取るのであれば、加給年金はもらえます。

また妻（夫）が六十五歳に達した場合、加給年金は打ち切られますが、その代わり妻（夫）

の年金に振り替えられる「振替加算」がもらえます。

振替加算とは、加給年金の打ち切り後、妻（夫）の老齢基礎年金に上乗せされる給付で、一定条件のもとで妻（夫）は生涯受け取ることができます。

通常六十五歳からは妻（夫）も老齢基礎年金を受け取れるようになるので、妻（夫）は「老齢基礎年金＋振替加算」の年金額を受け取れるようになるのです。

妻（夫）が年上の場合には加給年金を受給することはできません。なお、一定の基準により妻（夫）自身が老齢基礎年金が受けられるようになると振替加算を受け取ることができるようになります。

ここで紹介した「加給年金」と「振替加算」は「ねんきん定期便」には記載されていないので、覚えておいて損はありませんが、複雑な制度なので誤解や思い込みも多いので、詳細は日本年金機構か年金事務所に確認してください。

年金生活で「非課税世帯」になると？

年金生活では収入の総額で、住民税が課税されるか課税されないか（非課税）が決まりますが、非課税世帯になると住民税がゼロになるだけでなく、さまざまな面で金銭的な恩恵を受けられます。

中でも、社会保険料の負担が減ることが大きなメリットになります。

例えば医療面では、通常は三割負担である医療機関の自己負担額が一割になります。さらに長期間入院などで医療費がかさむ場合は、年金収入額にもよりますが、「高額療養費制度」を利用すると、七十歳以上だと負担額の上限が月二万四千六百円となります。ケースにもよりますが、年間収入（独身世帯）が百万円より多くなると課税世帯になり、その場合は五万七千六百円に跳ね上がってしまうので、高額療養費制度を利用する人はむしろ所得を抑える必要があるかもしれません。

他にも六十五歳以上の介護サービスの利用者なら、「高額介護サービス費」の利用で自

「非課税世帯」という立ち位置とは？

税金減免以外のメリットとは？

▼

医療費負担が軽減
介護サービス費も減免
公共交通機関の割引

己負担の上限が月二万四千六百円になったり、自治体によってはインフルエンザの予防接種が無料になったり、公共交通機関が割引されたりします。

つまり非課税世帯になるかならないかで大きな差が出てくるというわけです。

ただし非課税世帯になるには要件があり、市区町村によって異なりますので、詳細は各自治体に問い合わせてください。

《年金収入に対する市民税・県民税が非課税となる目安》

・六十五歳以上で配偶者のいる場合…二百十一万円以下→年金の収入のみあるものとして計算。

このように年金受給については、夫婦の働き方や年金のもらい方などでさまざまなパターンや選択肢があり、限られたページ数で詳しく説明することは難しいのです。

疑問や不明点や相談したいことがあれば、年金事務所か所属する企業の相談窓口にたずねるのがベターです。

あるいは、社会保険労務士やファイナンシャルプランナーなどの専門家に相談してもよいでしょう。

収入低下を拒否して希望退職して後悔しているなら……

「会社にいつまでもしがみついていたくない！」ということで、とりあえず仕事を辞めて年金暮らしになったのはよいが、辞めたその日からのことを具体的に想像できていなかった……と痛感している〝定年シニア〟もやはり多いようです。

一度退職してしまうと、なかなか次の就職先が見つからない……。自分が働きたいと思っても、働き口が見つからないという場合もありますが、「働きたい」と思う気持ちを失ってしまうのは早すぎるかもしれません。

雇用保険に入っていた人なら、公的な制度が利用できる場合があります。

失業等の給付（基本手当）は、正社員や契約社員、パート、アルバイトなどの就労形態を問わず、雇用保険に加入していた人で求職者なら受給することができます。

失業した時のための生活保障というと、若い人が諸事情で失業してしまった時に次の仕事が決まるまでのものというイメージが強いかもしれません。ですが、これまで加入していて何らかの理由で離職し、再就職先を探す意思のある人であれば、ハローワークで申請することが可能です。

受け取れる金額は本人の年齢や加入期間、前職の収入によって変わりますが、四十五歳以上六十歳未満、一年以上勤務していた人なら最短百八十日から最長三百三十日、六十歳以上六十五歳未満なら同じく百五十日から二百四十日になります。

このように年金受給だけでなく、ほかの公的な保障についても目を向けていくと、日本のセーフティネットがいかに手厚いものかが理解できます。

自分の経済状況やライフスタイルに合ったケースをいろいろ想定して調べながら、行く末に希望の持てる納得のいく選択をしたいものです。

「預貯金はあるが投資は経験がない」人こそ「つみたてＮＩＳＡ」

これまで紹介した通常の年金受給制度の他にも、いろいろな仕組みがシニア向けに制度化されています。

ここでは、定年シニアにとって有益な二つの公的な金融制度を紹介しておきます。

まずは「つみたてＮＩＳＡ」という制度からです。

「つみたてＮＩＳＡ」は、年間四十万円の投資金額を上限として最長二十年間にわたり積立投資ができて、利益が非課税になる積立型の少額投資非課税制度です。

これはもともと「ＮＩＳＡ」という制度があり、それを特に少額からの長期・積立・分散投資を支援するために、二〇一八年一月からスタートさせた制度なのです。

積立期間が長期間で年間の投資金額の枠が比較的少額なので、一般的には若年層向けとして認識されていますが、実は「つみたてＮＩＳＡ」は、五十代半ば以降の定年準備世代や、六十歳以降の定年シニアにも有益な制度です。
五十代半ば以降の定年準備世代の中でも、特に「投資未経験者」や「投資初心者」向けなのです。

通常は年齢層が高いほうが、若年層より預貯金などの金融資産を多く保有しており、さらに定年時に退職金を一括でもらうと、金融資産が一時的に大きく増えることになります。
ところが、ここに大きな落とし穴が待ち構えています。

「これまで投資の経験がない」という人が、一時的に大きな金額を保有すると人生百年時代の長い老後に備えようとして、一気に多額な投資する誘惑に陥るのです。
銀行や信用金庫、証券会社などいろいろな金融機関から、もろもろ金融商品の勧誘があるでしょう。

しかし短絡的に判断して、多額を投資するのは非常に危険です。

金融情報に理解が浅い投資初心者が陥りやすいリスクは、売買のタイミングを間違えて大損をしたり、自分に合った種類が選択できずにハイリターンのものを購入してしまいがちなことです。

初心者だからこそ「石橋を叩いて渡る」という堅実な運用が大切です。

お金を持っている投資未経験者ほど金額的にも時間的にも「分散」をしっかり効かせた投資をするべきなのです。

例えば複数回に分けて買うことで、高値をつかんでしまうリスクを軽減できるのです。購入回数を増やせば、それだけ商品の高値リスクを平準化できます。

つまり、「積立ながら投資する」というスタイルで自動的に時間的分散ができるのです。


さらに投資対象が長期の積立投資に適した低コストの投資信託なので、投資未経験者や初心者が利用するのに向いているといえます。

もちろん「ＮＩＳＡ」ですから、運用利益が全額非課税になります。


ここでひとつ注意点があります。

それは、同じ投資未経験者でも十分な預貯金がない人には該当しないということです。

そんな人たちが「つみたてＮＩＳＡ」を始めるには、まずは現金を貯めることが先決です。

“定年シニア”はインフレリスクに備えなければならない

国民年金や厚生年金は老後の暮らしの支えであるはずなのですが、残念ながらいずれも物価上昇リスクに対して脆弱なのです。

前述しましたが、これは「マクロ経済スライド」という方式で、物価が上がっても平均寿命や人口構成に関連したスライド調整率を差し引くので、相対的に見ると、その分年金額が目減りすることになります。

さらに好景気といいながら実質賃金が上がらず、預貯金の金利も限りなくゼロに近づき、庶民にとっては厳しい状況が続いているからこそ十分な備えが必要なのです。

これが定年準備世代に「つみたてＮＩＳＡ」をおすすめするもうひとつの理由です。

今後の経済情勢によっては、国内のインフレが加速する可能性もないとはいえず、定年前後のシニア世代が今後のインフレリスクに備えることはやはり重要なのです。

だからこそ、利益が全額非課税で投資信託などの積立投資ができる「つみたてNISA」は、インフレリスクへの備えとして適している制度といえるのです。

「iDeCo」より「つみたてNISA」がよい理由

老後に備える資金を作るには、もうひとつの有利な制度として「iDeCo（イデコ）」↓以下「iDeCo」（個人型確定拠出年金）が紹介されているケースもあります。

「iDeCo」は二〇〇一年一月から運用がスタートした私的年金のことで、これまでの公的年金は国が資金を運用してきましたが、自分の持分（年金資産）が明確で、自己の責任において運用商品を選び運用する年金制度です。

国民年金や厚生年金に上乗せされるので、老後の年金生活の一層の充実が可能になります。

iDeCoの最大の特徴は、次の三つの税制優遇メリットがあることです。

「iDeCo」と「つみたてNISA」の違いは？

iDeCoは積立期間が六十歳まで
▼
つみたてNISAは年齢制限なしで20年間可能

①掛金が全額所得控除される…確定拠出年金の掛金は、全額「小規模企業共済等掛金控除」の対象となり、課税所得額から差し引かれることで所得税・住民税が軽減される。
②確定拠出年金制度内での運用益が非課税となる…金融商品の運用益は課税（源泉分離課税二〇・三一五パーセント）対象となるが、確定拠出年金内の運用商品の運用益については、非課税扱いとされている。
③受給時に所得控除を受けられる…受給年齢に到達して確定拠出年金を一時金で受給する場合は「退職所得控除」、年金で受給する場合は「公的年金等控除」の対象となる。

しかし、定年準備世代の五十代半ば以降で始める場合には、「iDeCo」にはデメリットもあります。

それは、「iDeCo」は六十歳までしか掛金を拠出（積立運用）できないので、五十代半ば以降にスタートするのでは、積み立て期間が短くなってしまうことです。

しかも、加入期間が十年未満だと、受給開始年齢は遅くなり、例えば五十六歳から加入すると、四年分しか掛金を拠出（積立運用）できないのに、現金を受け取れるのは六十三歳になってしまいます。

六十歳から六十三歳までの三年間は運用だけしかできませんが、その場合（運用指図のみ）でも手数料がかかります。

「ｉＤｅＣｏ」は、加入・移換時や拠出時（毎月）などにいろいろな手数料が発生します。例えば口座管理料は、運営会社や金融機関によって金額がまちまちです。

無料の会社もありますが、年間で数千円の場合もあり、どのような手数料なのかをしっかり確認したうえで加入すべきです。そうしないと、拠出額に対して手数料が占める割合が高くなり、「ｉＤｅＣｏ」の魅力が半減してしまいます。

「ｉＤｅＣｏ」には「ＮＩＳＡ」にはない、大きなメリットとして掛金が所得税・住民税の控除の対象になるという節税効果がありますが、それを活用したければ、六十歳までは「ｉＤｅＣｏ」、それ以降は「つみたてＮＩＳＡ」に乗り換えるという引継ぎリレー方式にするのもよいでしょう。

「つみたてＮＩＳＡ」なら六十歳スタートでも大丈夫

最近金融庁の報告書で「老後資金二千万円が不足する」といわれて問題になっていますが、人生百年時代には年金と預貯金だけでは不足するのは間違いありません。

ここで「つみたてＮＩＳＡ」の出番なのですが、年利二〜三パーセント程度で積立投資をしていけば、その運用益で年金の不足分の心配も軽減できます。

これこそ「つみたてＮＩＳＡ」のメリットであり魅力なのです。

仮に、五十代半ばから積立投資を始めて、株式や外貨預金などのリスク資産と国債などのローリスク資産をバランスよく選択して二十年間続ければ、ちょうど七十五歳以降の後期高齢期に備えることができます。

五十代は多少リスクがあってもよいのですが、七十歳以上になったら、ローリスク型に乗り換えることが大切です。年齢によってリスクの程度を調整しながら、適切な商品を運用することを心がけてください。

また、二十年間という積立期間にこだわる必要はありません。
例えば、六十歳から十年間だけ積み立て、あとは新たな積み立てをせずに持ち続けながら、相場がいい時に売却するという方法もあります。

こうして見ると、「つみたてＮＩＳＡ」はいろいろな使い方をすることで、老後への備えを作る、あるいは老後資金を長持ちさせるためには使い勝手のよい制度なのです。

第4章

六十歳から心と人間関係の“リアル”！

家族との人間関係をリセットする

熟年夫婦のある夜の出来事——。夫が飲み会から帰宅して着替えながら、雑談中に
「今日はバースデーなのよ、お忘れでしょうけど」（淡々と言う…妻）
「おまえ、いくつだと思ってんだ！」（面倒くさそうに…夫・中略）
「お風呂、湧いてますよ」（妻）
「オレも久しぶりに誕生日のプレゼントでもするかな。何か欲しいものはあるかい？」（夫）
「欲しいもの？」「そう欲しいもの！」
「そりゃ、あるけど…」（申し訳なさそうに…妻）「いってみろ、ただし高いものはダメだぞ！」
（再び面倒くさそうに…夫・中略）
「そんなに高いものじゃないの。値段は四百五十円ほど」「四百五十円、何だそれ？」
「ほんとにいいの？　私が頂きたいのはこれ！　ここに名前を書いて、ハンコをついて欲しいの。四百五十円は戸籍謄本を取るためのお金」（離婚届けを出して渡す…妻）
「何だ、これ」「離婚届けよ」

「おい、冗談だろ？」（驚き戸惑う…夫）「本気よ、考えておいてちょうだい」（大まじめに…妻）

これは山田洋二監督の映画「家族はつらいよ」の一シーンですが、もしかすると定年前後の夫婦の〝あるある〟場面かもしれません。

いくら長年連れ添ったといっても、夫と妻はもともとアカの他人なのですべての人格は理解しがたく、すれ違いが当たり前だということですね。

夫の場合は定年までの人生の主な舞台は職場でしたが、定年後にはそれが家庭に移っていきます。再雇用でも再就職でも、現役の世代とは違って家庭にいる時間が増えていくのです。これまでは「亭主元気で留守がいい」という状態でほとんど家にいなかった人間が、突然、家にいる時間が増えることになります。

普通なら軋轢（あつれき）が起きて当然ですが、ここで夫は家族、特に妻との人間関係を再構築しなければなりません。一歩間違うと、冒頭の映画のように熟年の離婚話につながりかねません。

「自分だけは大丈夫」とうそぶく自信家こそ裏を返せば独りよがりで、いちばん危ないそうですから気を付けてください。

ある調査によると「退職後に夫と毎日一緒に生活するのは耐えられない」という人が四十五パーセント、さらに夫との離婚を考えたことがある人は三割余りで、三人にひとりの割合になっています。また「夫の介護をしたくない」という人も八・五パーセントもいます。

夫側からの調査でも同じような傾向があるのですが、妻側からよりも少ない割合になっています。

よくいわれていることですが、妻は夫が定年後ずっと家にいることに息苦しさを感じて、子どもが自立すると夫婦の絆（きずな）がなくなると感じるようです。

ですから夫側は、何かと気を遣って一緒の趣味を持ったり旅行をしたり、コミュニケーションを取ろうとするのです。

定年前後は〝夫婦不可侵条約〟を更新する

実はここに落とし穴が潜んでいます。

「これまではチョッとした相談にものってくれなかったのに、急にコミュニケーションと取りたいなんてムシがよすぎる」、「勝手な気遣いや親切の押し売りは迷惑」というのが妻の本音なのです。

無理やりコミュニケーションを取ろうとしても空回りするばかりで、よい関係は築けません。相手の気持ちを汲み取り、直接相談することも大切です。

おそらくいろいろと気を遣って慣れないことをしてみても、長年の関係はなかなか変化するのは難しいでしょう。そのうち夫側はモチベーションが下がって、諦めて元の状態に戻ることになります。

したがって結論からいうと、無理なことは初めからしないこと。これまでの夫婦関係が余程悪い場合は別として、可もなく不可もない生活をしていたのなら、そのままの状態を保ったほうがよいでしょう。

その場合、大切なことは妻との距離を定年前の状態に保つための〝夫婦不可侵条約〟を更新すること。例えば寝室が別ならそのままにして、好みが違うテレビ鑑賞も別の部屋でするというように、何も変える必要はないのです。

定年後に向けて在宅の場合の昼食はどうするなど、新しく決めごとが必要な時には、まず妻側の意見を聞いてから決めることです。

言うまでもありませんが、どうしても我慢できない場合以外は妻側の意見を尊重したほうが円満にいきます。


何事も無理をして変化させようとするから、摩擦が生まれるのです。

長年連れ添った夫婦だからこそ、これまで保ってきた微妙な距離感が大切だということを理解しておくとよいでしょう。

それに、夫婦同時に亡くなるのでなければ、どちらかが死ぬと独り暮らしが始まるわけですから、必要以上にベタベタと生活する必要もないのです。


ここでひとつ〝定年夫〟に対するアドバイスがあります。それは「留守番のできる男になれ」ということです。

歳をとってからの独り暮らしは、家事全般からお金や健康の管理、そして周囲の人たちとの人間関係など、その人の全能力を駆使しないとできません。

今のうちから鍛錬しておけば、いざという時に困らないのです。妻にも面倒をかけず、ボケの防止にもつながるので一石二鳥です。

日本人は世界でいちばん「孤独」

定年前後から〝夫婦不可侵条約〟を更新して、お互い心地よい距離を保って生活していくとしても、二人一緒に仲よく亡くなることは無理ですので、いつかは独り暮らしにならざるを得ません。

そんな時、どうやって過ごしていけばよいのでしょうか？　〝パートナーロス〟でひどく落ち込んで自暴自棄になる人もいるようですから、十分に注意して少しでもストレスを和らげるようにするのです。

前提として人間はもともと独りで生まれてきて、独りで死んでいくのが基本です。どんなに家族が仲よくても夫婦仲睦まじくても、〝三途の川〟を渡るのは独りなのです。ですから、日頃から独りぼっちを愉しむようにしておくことです。仲のよい夫婦であっても、お互いに自立しながらリスペクトしている関係、それが理想的なのです。

定年になった夫側が寂しくて妻側にベタベタしていくと〝濡れ落ち葉〟的な関係になり、ますます嫌われかねません。

「孤独」というと、どうも否定的なイメージが付きまといます。「友達のいない人」「人付き合いの悪い人」など印象はよくないですが、実は日本は世界一の「孤独」大国なのです。

経済協力開発機構（ＯＥＣＤ）の調査によると、友人や同僚など他人と過ごすことがほとんどない人の割合は、日本は十五・三パーセントで加盟国中でトップだそうです。

特に男性の孤独が深刻で、同じく十六・七パーセントとして断トツに第一位になっています。

日本人にとって「孤独」は「孤立」ではなく「孤高」

最近では、オジサンが独りで外食を楽しむ漫画「孤独のグルメ」が人気を博したり、独

日本人は生まれつき「孤独」が大好き!?

「孤独を感じる」
男性→6割
女性→7割

り焼肉を楽しむ「焼肉ライク」というお店が繁盛したり、「"ぼっち"飯=孤食」をよりポジティブにとらえるようになってきました。

日本人はもともと孤独好きですが、ある調査でも日本人の多くが孤独を感じていることがわかりました。

男性の約六割、女性の約七割以上が「孤独を感じることがある」として、さらに「独りでいることが好きですか?」という問いには、何と八割以上が「好き」、「どちらかというと好き」で、本当に孤独を好ましいと思っている人が多いようです。

また「孤独」を感じた時に、周囲に助けを求めたり相談できる相手(親族以外)がいるという人は約五割で、半分の人は相談相手がいないことになります。

ということは、ほとんど自分で「孤独感」を解消してしまうか、逆に愉しんでいるのかもしれません。

つまり日本人にとっては、「孤独」は「孤立」ではなく、むしろ「孤高」といえるでしょう。

「孤高」とは俗世間から離れて、ひとり自分の志を守ることなので、その状態を愉しめるようになれば、もはや独り暮らしの達人として生きていけるのではないでしょうか。

自由なパートナー探しを始めたい

そうはいっても、シングルになれば時には気の合うパートナーと過ごしたいと思うのは自然の摂理です。

ただ定年過ぎのシニアには、なかなか出会いの機会がありません。

そんな熟年シングル向きに出会いの場を提供しているサービスが最近増えています。

例えば、朝日新聞社が行っている「ミーティングテラス」という事業があります。

会員になれるのは男女とも、四十歳から六十五歳の独身者で、学歴や年収に制限はありませんが、信用を担保するために独自の審査をしています。

通常の結婚相談所と異なるのは、成婚をゴールとしないで、パートナー探しに特化していることです。

ワイナリー見学や美術館の鑑賞、街歩きなどのイベントを開催して、価値観の合う相手を見つけるだけでなく、趣味や実益にも結び付くという声もあり好評のようです。

交流会などで意気投合してパートナーが見つかると退会する決まりで、七〜八ヵ月参加していると見つかることが多いようです。

入会金はＷｅｂから申し込むと四万円弱、月会費が一万円弱なので、一般的な結婚相談所になどに比べると割安感があり人気です。会員の比率は男女半々なようですが、女性の希望者多数につき年齢を制限して、入会制限中になっているようです。

やはりいくつになっても、パートナーを求める動物としての習性は不変のようですが、ただ入会してイベントに参加すれば、気の合うパートナーが見つかるというのは甘い考えです。

女性に人気があるということは、本気でパートナー探しを求めているということですから、男性の立ち居振る舞いや言動、さらに財力などもしっかり観察されているのです。女性との関係であまり緊張しすぎてもいけませんが、ルーズなのはなおさらNGです。身なりや振る舞いなどコミュニケーションのし方でよいパートナーと結ばれるかどうかが決まるのです。

シニア女性たちが誇る最強の処世術を学べ！

男性の場合、コミュニケーションには何か目的があり、それを実現するために対話をするというのがほとんどです。つまり、コミュニケーションとは「手段」であり、それも仕事に関するものがすべてといってもよいでしょう。

女性の場合にはコミュニケーション自体が目的化して、どんな内容とか何を話そうとかには関係なしで、会話自体が楽しみなのです。

内容などはお構いなしに、いろいろな話題に飛んで、時間も無制限に延々と続くことが多いのです。

まるで正反対の立場ですが、女性のパートナーを見つける時には、この辺を理解しておかなければなりません。

女性との会話に効率や内容、テーマを求めないこと。

男性はシニアになって初めて、そんな女性とのとりとめのない会話の機会が訪れることが多いのですが、それは貴重な体験になり、その後の人生を豊かにしてくれるきっかけにもなるはずです。

女性側にとっても、男性と会話することでその思考経路が理解できて、夫婦関係がスムーズになるメリットがあります。特に専業主婦だった人には、ビジネスの場の会話など触れたことがないので、新しい気づきがあるのです。

お互い相手の思考プロセスやパターンがわかれば、無用な摩擦や軋轢をうむこともありません。

さらに異性とのコミュニケーションによって、自分にないものを学べるはずです。独特のコミュニケーション力や価値観、そして直観力はシニア女性たちが誇る最強の処世術なのです。

こういった貴重な体験をしながら、異文化を共感できるようになれば、あなたも一人前の〝定年シニア〟です。

同性異性問わず人間関係が広がり、毎日が愉しくなるに違いありません。

脳は他人を喜ばせることが〝快感〟になる

さて定年後、夫婦関係に一定の距離感を保ち、相互依存ができないとすれば、個人的に何を頼りに生きていけばよいでしょうか？

欧米人の場合、人生の目的は「成功」というステージですが、そこに立てるのはほんの一部の人だけで、富裕層として財産と名誉を獲得することになります。

しかし日本人の場合は「成功」より「生きがい」、「お金」より「やりがい」を大切にするという価値観があります。

つまり、「生きる喜び」や「人生の意味」などを重視して生活しているのです。人それそれに価値観が違うので、「生きる喜び」や「人生の意味」もそれぞれなのです。

脳科学者の茂木健一郎氏は、

「仕事で成功を収めることも大事ですが、幸せに生きるにはそれだけが正しい道ではないのです。生きがいを見つけるにはもっと身近な小さなこと、極めてプライベートなものに着目することから始めればいいのです」

と語り、さらに続けて、

「脳は他人のために何かをすることと、自分のためにすることをほぼ同じようにうれしいと感じます。自分が幸せになるには、他人のために何ができるかを考えてみることも大切なのです。他人を喜ばせようと自分が学ぶことは他人のためになることであり、世の中に貢献することで感謝され、回り回って自分が幸せになるのです。利他性は結局自分の幸せを呼び込むということになるのです」

としています。（日本経済新聞・二〇一八年十月二十二日付）

とすると、「生きがい」や「幸せ」は、あなたの周りにいくらでも転がっているといえます。

極端な言い方をすれば、「人生に高尚な目的はいらない。ただ生きていることに意味がある」ということにもつながるのです。

ストレスを受け入れて、ストレスとともに生きていく

最近の風潮として「幸せとは」「生きがいとは」とか決めつけて、価値観をひとつにしようとしているように思えます。

「こうしなければ幸せにはならない」「こうすることで幸福になれる」など強迫観念のような価値観の決めつけが見られます。

この価値観から外れた人間を排除して敗者に見立てて、現代社会に蔓延する強いストレスを発散しようとする意図もあるのではないでしょうか。

そんな、ストレスのはけ口として弱い者を利用しようとする陰謀にのってはいけません。

考えてみると、この世に生きている限りストレスはつきもので、なくせるものではありません。

まずはストレスを受け入れて、ストレスとともに生きていく——。

世の中いろいろなことが起こり、さまざまなストレスが降りかかっても、チョットやそ

っとじゃ「命までは取られやしない」のです。

死ぬことを考えれば大抵のことは我慢できるので、こう考えればストレスともうまく付き合っていけるのではないでしょうか。

実は人間は他の動物と違い、「死」を意識することである種の恐怖を感じますが、それに備えることで、人間らしい生き方ができるという説もあるのです。

そうすれば、自ずと自分にとっての「幸せ」や「生きがい」、「生き方」が見えてくるものです。

あるいは何かの瞬間に「ああ、幸せだな」とか「この生き方が合っているな」と思えるかもしれません。それこそ本当の「生きがい」なのです。

定年シニアは「3K」から「3S」のススメ

ここで、定年シニアの男性が生きがいを見つけるための秘訣を紹介しておきましょう。

まずは「3K」から解放されること。3Kとは「会社」「肩書」「家庭」のことです。会社や肩書がこれまでの自分の証明＝アイデンティティでしたが、それが消滅することで大きな喪失感が生じて、自分の居場所がわからなくなってしまうことがあります。

そういう見えないものに対するこだわりや見栄を早く捨て去ることが、新たな生きがいを見つける手立てになります。

ここでおもしろい話を紹介しておきましょう。介護施設に入所する男性は最初は周囲と交流するのが苦手で、引きこもりがちになるそうですが、施設内で役職を付けると見違えるように、コミュニケーションを取り出すそうです。

特に会議などを開くと率先して発言して、皆を感心させるといいますから、いくつになっても会社員としてのこだわりが抜けないようですね。

家庭についていうと、これまでつながりが濃くなかったのに、急に濃密な関係など作れるはずもありません。無理をすれば邪魔者扱いされて、ますます疎遠になってしまいます。これまで以上に適当な距離を保つことが大切です。

3Kから解放されたのなら、次は「3S」にシフトすることです。3Sとは「仕事」「趣

定年シニアは「３Ｋ」から「３Ｓ」へシフトしよう！

３Ｋ→会社・肩書・家庭

３Ｓ→仕事・趣味・社会貢献

味」「社会貢献」です。

今さら仕事に生きるというと呆れる人も多いかもしれませんが、男性はいわゆる仕事が第一で、社会とつながっていることが生きがいなのです。働ける状態であるのならば、働き続けられる限り継続することをお勧めします。

会社を退職した後でも、自分のスキルやキャリアを生かした個人事業主としても活躍の場があるかもしれません。

活動範囲が広がることで新しい出会いもあり、生涯現役を目指す道も開けてくるでしょう。

また趣味を持たない人は、人生の楽しみの一つを放棄しているようなものです。「趣味」といっても、何も大げさに考える必要はありません。

人間なら何かしら興味を持つテーマがあるはずです。それをきっかけにして、活動範囲を広めていくと無理せず趣味を持つことができます。

例えば、昔から野球が好きならば、今さら自分でプレーするのは無理としても、球場に観戦に行くとその魅力を再発見することができます。プロ野球のチケットは定年シニアにとっては高価で手が出ないとしても、高校野球や大学野球なら千円前後で割安で楽しめるはずです。

現に学生野球の観戦に行くと、シニア世代がたくさん来場しています。中には夫婦で睦まじく観戦している人もいて、微笑ましい感じがします。

趣味を楽しんでいる人ほど、若々しく見えるので不思議なものです。初めから諦めるのではなく、少し視野を広くしていろいろなことに挑戦してみるのもよいでしょう。

最後の社会貢献については、いろいろなやり方がありますが、要は「世の中のためになっている」「人から頼りにされている」という思いが生きがいにつながるものです。

いろいろなボランティアに応募して実践してみるとか、町内会の清掃活動や交通整理などに参加するとか、きっかけは身近にあります。

あるいは、定期的に孫たちの子守をして面倒を見るとか〝敷居〟の低いところから始める方法もありますから、日頃からアンテナを張って前向きになることが大切です。

まずは〝空虚な自分〟を受け入れること

これから否応なく「人生百年時代」に突入していきます。定年も寿命も延びていくので、心身ともに元気でいなければ楽しくありません。

しかし、定年シニア世代で本当に元気で生き生きと過ごしている人は、ほんの一握りの十五パーセントだというのです。

他は皆、精神的にストレスが溜まったり、肉体的に衰えて不調になったりで、どこか不安定で不満を抱えた生活を送っているのです。

現役の時には、毎日のように同僚や部下と盃を傾けたり、休日に趣味の釣りを楽しんだりした人も、定年後はそれほど気が入らずに、つまらなくなってしまうケースも多いようです。

仕事あっての付き合いや趣味だったということに気付かされるのです。

そんな時には、体を動かすのがいちばんと思ってスポーツジム通いをするのですが、もともと運動が好きでなければ、しっくりとは来ないものです。

確かにジムのトレーナーとの会話もできて、サウナやジャグジーなどもあり、ゆったりと過ごせるので居心地がよいのです。

しかし、ジムには自分の役割も義務も責任もないので、本当の充実感もありません。そこでは、社会とのつながりも感じることもなく、したがって生きがいを見つけることも困難なのです。

その虚しさがわかってくると、足も遠のくことになります。

ではどうやってそんな空虚な状態を脱すればよいのでしょうか？　まずは、そんなありのままの自分を受け入れることから始めるのです。

人生のステージが変われば役割も変化するのですから、現在の自分が落ち着ける場所を見つけることです。

本当に没頭できる趣味や新しい仕事、ボランティアでも構いません。若い頃と違って自由になる時間はたくさんあるのですから、焦らずにじっくりと探すことです。

自分を不遇だと感じて、これまでの人生を悔やんでみても前には進めません。むしろ「逆境や不安を愉しもう」という心のゆとりこそ欲しいものです。

そうすれば、自ずと道は開けてくるものです。

第5章

六十歳から住まいの“リアル”！

高齢者の賃貸契約はハードルが高い!

定年を過ぎると住宅の心配も生じてきます。持ち家なら自分が亡くなった後どうするのか、賃貸なら死ぬまで住むことができるのかという問題です。

特に賃貸の場合には、高齢の年金生活者の借り手は契約困難なケースが後を絶たないようです。

理由は「孤独死の後始末の怖れ」「家賃の滞納のリスク」「徘徊老人の危険」など貸し手側の不安が大きいようです。

全国的に見れば空き家が増えているにもかかわらず、いまだに旧態依然とした契約状況が続いています。

まず今の住み家が賃貸物件なら、問題がなければなるべくそのまま住み続けることを優先することです。

長年住んでいればオーナーや家主に対して信用もあるし、家族構成などの状況もわかっているので、契約違反の場合を除いてそう簡単に契約を断られることはありません。もし問題が生じた時には、全国の消費生活センターや国民生活センターに相談することをお勧めします。

また契約更新の際に、こちらの住環境をよくするために、借り手側の要望を相談することもよいでしょう。

例えば、鍵が古くなっていたら防犯用のシリンダー錠に交換してもらうとか、屋内の老朽化した部分の修繕をしてもらうとか要望を伝えて、住環境の整備をお願いすることも大切でしょう。

費用が掛かることなのですべての要望がかなうわけではありませんが、相談する価値はあります。

もし今の住居を住み替えたいなら、ハードルは高くなります。前述したように、六十歳を超えるような高齢者に貸したいという家主はそう多くはありません。

特に単身高齢者の場合はなおさら、新規の賃貸契約が困難になります。

単身高齢者として家主から敬遠されないためには?

今、大都市では独り暮らしの高齢者が急増しており、三百万人近くになっています。実に世帯全体の一割を突破し、現在も増え続けています。

単身高齢者は介護や生活保護が必要な状態に陥りやすいとして、家主や管理会社から敬遠されやすいのです。

大都市は地域で助け合う基盤が弱く、人間関係も希薄なので、独り暮らしの高齢者の孤立化が進行しています。

独り暮らしの高齢者の要介護認定率は同居人がいる場合の二倍強に達しており、介護サービス利用率も八割と高くなっているのです。

さらに単身高齢者の場合、低年金が多く、生活保護の対象になりやすいといった傾向もあります。

このような理由から、新規の賃貸物件を見つけるのは至難の業ですが、どうしても探し家主から敬遠される高齢者とは？

ヤバい！高齢者
不健康・孤立・無収入

大丈夫！な高齢者
健康・友達・与信

たいのなら、次のような状態を作るとよいと思います。

・健康状態が良好、足腰も丈夫
・近くに近親者が住んでいて、すぐに連絡が取れる
・保証人がしっかりして、家賃の滞納などを防げる
・独りで閉じ籠（こも）ることもなく、周りとのコミュニケーションも図れる

高齢者に対する懸念を少しでもなくすようにすれば、契約成立の可能性は高くなります。

最近は、高齢者の賃貸契約をサポートする会社もあるので探してみるとよいでしょう。

ある不動産会社では、家主やオーナーが高齢者に貸しやすいように、入居者の見守りから家事代行まで、また、司法書士やファイナンシャルプランナーなど、住まいや家計のプロ

とも連携しながら、法務や税務の問題にも対処しています。

増える独身高齢者や空き家、空き室の問題は新しいビジネスチャンスとしても注目されています。

近い将来、「高齢」というだけで住まい探しに苦労することがない社会になるように期待しましょう。

必ずしも「賃貸がお得」とはいえない

ここで定年シニアにとって、賃貸あるいは持ち家のどちらが高齢者にとって有利なのか検討してみましょう。

このテーマは永遠の課題でなかなかすぐに答えが見つかるものでもありませんが、これまで言われてきたのは、「すべての経費を考慮すれば、賃貸のほうが割安になる」ということでした。

経費的に見て、土地の値下がりや災害のリスクなどを考えると、持ち家がお得とはいえないといったひとつの意見があります。

しかし、高齢者にとってみれば、経費だけの問題ではなく、心理的な安心感、精神衛生上の面から考えると、持ち家のほうにもメリットがあるといえます。

持ち家であれば、住宅ローンなどで購入代金を支払い終えれば、家賃は掛からなくなります。一戸建てなら光熱費と固定資産税くらいで、マンションでも前述の諸経費に加えて管理費と修繕積立金くらいです。

さらに当たり前ですが、終の棲家（ついのすみか）として死ぬまで住み続けられるという点が大きいでしょう。

高齢者にとっては、「お金がなくてもいつまでも住むところに困らない」ということで、これほど安心できることはありません。

逆に賃貸なら、死ぬまで家賃を払い続けなければならないというプレッシャーがあります。健康な間はよいとしても、ひとたび体の具合が悪くなると家賃は大きなストレスとして降りかかってきます。

収入が公的年金だけの場合には、平均受給額は夫婦二人で二十二万円程度ですから、都心に住み続けるとしたら、少なくても家賃十万円以下にする必要があり、これまた現実問題として難しいでしょう。

この他に税金や社会保険料、光熱費や通信費、医療費、そして食費がかかりますから、ほとんどギリギリの状態になってしまい、想像するだけでも苦しい老後になってしまいます。

もし貯金に余裕があるのなら、中古マンションを購入するのも方法です。都心から少し離れれば、案外、取得価格も抑えられます。

少子高齢化社会で地価や住宅の価格が下がる可能性も高いため、より割安な物件も増えるでしょう。

いずれにしても金額面だけでなく精神面も考慮すると、どちらかに軍配が上がるということはないのです。

住環境や個人の経済的事情などをいろいろ検討して、よりよい選択をするべきでしょう。

リフォームは用途によって使い分ける

さて持ち家の人たちは家賃の心配がないと安心してばかりはいられません。

なぜなら、家族四人で住んでいた家なら、子どもたちが独立すると広過ぎて体力的に掃除が大変になったり、築年数が経てば修繕など費用面でも維持が困難になるからです。

さらに高齢者に住みやすいようにバリアフリーなどの整備も必要になってくるでしょう。

当然リフォームなどを検討することになりますが、その費用の工面に悩む人も少なくないのです。間取りの変更に加えて、老朽化した個所の修繕費用も高額になります。

築年数が経てば、雨漏り防止などの工事だけでも足場を組んだりで、何百万円にもなってしまいます。

その他の修繕や改築工事を加えれば、さらに数百万円必要になります。

いくら預貯金があってもすべて使い果たしてしまっては、病気やもしもの際の出費に耐えられなくなります。

リフォームに使えるローンの種類も多いので、頭金を払って後はローンで払うのも方法です。適用金利や借入期間によって優劣が変わるので、特にシニアの場合は慎重に試算して選択するとよいでしょう。

もうひとつここで注意しておきたいのは、現在の持ち家を売る場合にもリフォームが有効で高く売れる条件になるということです。

ただし自分が住むのではないので、「万人受け」する仕様を追求することが大切です。

例えば、打ちっぱなしのコンクリートなどの奇抜なデザインで個人の好みが強いものは万人受けしないので、無垢材のような好き嫌いの少ない一般的な素材を用いるほうが売却しやすいといった面があります。

他にはオーク材などの時代に左右されない材料で、室内はフローリングにしたほうがよいでしょう。

売却物件はちょっとした配慮と少額の投資で思わぬ高額になる

売却する物件の場合ですが、トイレやキッチン、浴室、エアコンなど設備を単にグレードアップすればよいというものではありません。

トイレはいろいろな機能の付いた高額なタンクレスでも、ロータンクタイプのものでも売却額はそれほど変わりません。

ただキッチンはリビングから見えるので、インテリアの一部としてお洒落感や清潔感を出せるとよいでしょう。外付けのコンロは備え付けのものに変更したり、引き出し式のフラットタイプにすると見栄えがよくなります。

浴室は追い焚き機能や乾燥機能を付け、シャワーヘッドを節水式に交換するのもひとつの方法です。ちょっとした付加価値が着くように工夫すれば物件の印象もよくなります。

売却物件の場合、リフォーム後の「ホームステージング」もポイントです。ホームステージングとはあまり聞き慣れない用語ですが、家具やカーテンなどの装飾品を予め設置して「住みやすい家」を演出することをいいます。
費用は十万円から数十万円程度ですが、見違えるような部屋を演出することができます。これから住む人によいイメージを持ってもらうことで、想定以上の金額で売却できる可能性も出てきます。

そして、物件の魅力を最大限に発揮するには、Ｗｅｂサイトやパンフレットに掲載する写真の見せ方を工夫することです。自分で撮ったり、素人の不動産会社が撮ったりしたものでは、その魅力は発信できません。
少し費用がかかってもプロのカメラマンに依頼するとよいでしょう。実績にもよりますが、費用の相場は数万円程度ですので、投資額以上の効果が表れ、予想外の高額で売れる可能性も高くなります。

物件を売却するにはちょっとした工夫と少額の投資がポイントです。これが意外と大きな差になりますので覚えておくとよいでしょう。

国民健康保険料は自治体によって大きな差が出る

定年シニアは退職したら、郊外の一戸建てから駅近マンションに転居するのが多いようです。

駅から離れた戸建てを売り、同じ駅から距離の近いマンションに住み替えるというケースです。駅近マンションなら車の運転は不要になり、徒歩で移動できます。

介護が必要になっても、介護者が訪れやすいのです。また、ゴミ出しなどもマンションのほうが便利になります。

高齢者にとってアクセスは大きなポイントです。不動産の物件検索サイトでは、五年前は賃貸でも持ち家でも検索の九十パーセントが「駅から徒歩十分以内」でしたが、現在は「駅から七分以内」に条件が変わってきています。

転居先の条件は「ラク(楽)」と「トク(得)」です。価格が安く駅近マンションで、買い物が便利、平坦で通いやすい道路といった物件の需要は、ますます高まりそうです。

一方、生まれ故郷など遠距離に移住する場合には、移住先の環境や受け入れの状況なども判断材料になります。

特に定年シニアの場合には、自治体の公共サービスも大きく影響します。

定年退職した場合には、会社在籍時の健康保険から「国民健康保険」に入らなくてはなりませんが、保険料は都道府県によって差があります。各自治体の財政状況などによって保険料に高低があるのです。

さらに、移住者に対していろいろな優遇措置を図る自治体もあります。

例えば北関東の群馬や栃木ですが、首都圏とも近く交通の便も比較的整備されていて住みやすいとされています。

群馬県桐生市では、住宅を建築したり購入したりして五年以上住むことを条件に、最大二百万円の補助金を支給しています。または、空き家を利用してリフォームすれば、最大七十万円の助成金が活用できます。

栃木県宇都宮市では、移住して起業すると最大二百十六万円の補助金がもらえます。

近年、空き家問題が報道されていますが、その対策として愛媛県大洲市では、空き家バンクに登録された物件を購入（または賃貸）してリフォームすれば最大四百万円、三重県伊勢市の場合は最大二百万円の補助金を支給しています。

こうしてみると、大都市圏の周辺部が過疎化と高齢化、空き家化の対策もあり、移住希望者に対して手厚い政策を掲げているので、移住を含めていろいろと検討してみる価値はあるでしょう。（なお詳細は各自治体のＨＰなどを参照してください）

移住や転居につきものの「リロケーションダメージ」

ただしここで移住や転居について、考えておきたい問題があります。それは、「リロケーションダメージ」というものです。

リロケーションダメージとは、住み慣れた場所から馴染みのない場所に転居し環境が変化することで、心理的に大きなストレスがかかり、心身ともに疲弊してしまうことをいい

“定年シニア”の大敵！「リロケーションダメージ」

移住・転居など
住環境の変化

精神的・肉体的負担増
ストレス・不健康

ます。

具体的には自宅から他の場所への転居、施設への入居、入院や引っ越しなど、シニア世代以上の高齢者の住環境が急激に変化すると、精神的、肉体的にかなりの負担がかかり、心身の健康を害してしまうのです。

旅行先や親戚の家、友達の家などで過ごすのは楽しいですが、自宅に帰ると急に疲れを感じる事がありますよね。この場合は短期間ですが、違う環境で過ごすことに、知らず知らずのうちにストレスを感じているのです。

これは年齢に関わらず起こり得る症状ですが、特に高齢者に起こりやすく、不安や混乱から心身の状態を悪化させてしまうリスクがあります。

高齢者の場合は、リロケーションダメージによる身体的、肉体的なストレスが大きく、時間・場所・人などの判断がつかなくなる見当識障害や認知症の症状が出たり、認知症の悪化、昼夜逆転、精神不安、うつ状態などさまざまな症状が出たりすることがあります。

東日本大震災の避難所生活でも、このリロケーションダメージが問題視されていました。震災に対する不安に加えて見知らぬ人との共同生活、環境の劇的な変化により、リロケーションダメージの症状が出る高齢者が多かったようです。

さらにこのリロケーションダメージによって、介護度が上がってしまうこともあります。

環境がガラッと変わり、新しい生活を送る時は、誰しもが少なからず不安を覚えるものです。

特に、長いこと自分の住み慣れた環境で暮らし、自分の心地よいリズムで生活してきたシニア世代以上の高齢者が、その生活を変えなければならないとなると不安も大きいですし、ストレスもかなりかかります。

リロケーションダメージを減らすための三つの方法

では、どのようにして防げばよいのでしょうか？

まずは不安やストレスを和らげることから始めます。

移住地や転居先では、使い慣れた枕や布団、食器などを使用したり、身近にあった小物などを置いたりして、なるべくこれまでの生活環境に近づけてあげることが大切です。

また、旧知の友だちや知り合いとも頻繁に会いに行き、話し相手になってもらうのもよいでしょう。


具体的には、リロケーションダメージを減らすための大きな方法が三つあります。

①心身ともにまだ元気なうちに転居を決める
②少しずつ新しい生活に慣らしていく
③現在の生活習慣を大きく変えなくてもいい場所を選ぶ

この三つです。

そうして、環境に慣れて行けば、リロケーションダメージも徐々になくなっていくでしょう。このように、なるべく新しい生活環境での不安をなくしていくことが大切なのです。

「リバースモーゲージ」は本当に高齢者の見方か？

この章の最後に、最近高齢者向きに盛んに宣伝されている「リバースモーゲージ」という金融商品を紹介しておきます。

第一章でも紹介しましたが、もう少し具体的にそのメリットとデメリットを解説していきましょう。

この制度（商品）は、自宅を担保にしてまとまった老後資金を借りて、利息を払いながら家には住み続けられるというシステム（仕組み）になっています。

元本である家（土地）は生存中は返す義務がなく、亡くなった後に担保である自宅を売却するなどして一括返済するのが基本です。

借入金利は現在、年三パーセント程度で、低金利の住宅ローンより高くなっていますが、それでも市中の金融機関のキャッシングローンやカードローンなどよりかなり割安で、借入額も高くできます。

これまでこの方式はあまり広がってきませんでしたが、政府系の住宅金融支援機構（旧住宅金融公庫）が銀行向けに保険を付けて融資するタイプの「リバース60」を展開してから、利用者が増え続けています。

家を継がせる子どもがいなかったり、子どもが空き家化を心配して家を相続しなかったりする世帯が増えていることがその背景です。

家の所有や相続に関係しないのなら、自分の老後の資金作りに活用したほうがよいという考えなのです。

こうしてみると高齢者にとってはありがたいシステムに見えますが、いろいろ注意しておきたい点があります。

まずは、「契約者が亡くなったら担保の家は必ず手放さなければならないか？」という点です。実は、担保の不動産の売却は返却方法のひとつであり、相続人が自己資金で元本を一括返済できるなら、家を売らずに済むことになります。

あるいは、契約者本人が生前に繰り上げ返済をする選択肢もあります。

また本人の死後、「残された配偶者が家を出なければならない」というのも誤解で、銀行によっては、年収などの条件を満たせば配偶者が契約を引き継ぐこともできます。「リバース60」では配偶者を連帯保証人にすれば、夫婦ともに亡くなるまで住み続けられることになっています。

地価の下落で生前に元本返済を迫られるリスクも

リバースモーゲージは便利ですが、リスク面も理解しておかなければなりません。

まずは、融資の判断は担保の価値だけではないということです。

契約者本人の収入が少ないと利息の返済も滞る可能性があるので、年収も判断要件になります。

ですから、いくら担保の価値が高くても融資が受けられないケースも生じます。

それと当然のことですが、せっかく借りた金額を生きているうちに使い切ってしまうことも考えられます。これでは、融資してもらった資金が尽きて借金だけが残されるという最悪のパターンになります。

また物件の所有権は移行しないので、固定資産税の納税義務もそのままで支払い続けることになります。

「リバースモーゲージ」のここが危ない！

リバースモーゲージのリスクとは？

- 担保不足で不成立
- 契約期間より長生き
- 地価下落で元本返済
- 金利上昇で返済額増

次に、年利上昇のリスクにも注意しなければなりません。リバースモーゲージの場合、変動金利が主流で、世の中の金利の動きに応じて融資の適用金利を年二回見直すことになっています。

つまり、金利が上がれば、毎月の利息返済額も増えるというわけです。住宅ローンの場合は金利が上がっても元本と利息の割合を調整して、毎月の返済額を一定期間上げない仕組みがありますが、リバースモーゲージでは基本的に、そのような仕組みはありません。

さらに地価の下落リスクも考慮しなければなりません。

金融機関は通常、担保の価値を評価して、平均六割程度を上限にして融資を行いますが、融資後に地価が大幅に下落すると担保の評価額も下がり、最悪の場合には元本の一部返済を求められかねません。

これでは、何のために「生前は利息返済のみ」というリバースモーゲージを利用したかわかりません。

また亡くなった後に担保を売却してもなお返済できない場合には、相続人に請求がいくタイプもあるので、この辺も事前の確認が必要です。

住宅金融支援機構の「リバース60」では担保評価の途中変更はありませんが、その分融資の上限が担保評価の五割と通常の商品より低くなっています。

「リースバック」ならより多くの資金を調達できる

リバースモーゲージでは十分な融資が受けられない場合には、別の選択肢もあります。

それは「リースバック」と呼ばれる仕組みで、自宅を不動産会社に売却したうえで、その会社から同じ家を有料で借りるという方式です。

最近増えているこの方式なら、そもそも物件を担保にローン返済という仕組みではないので利子を払う必要もなく、リバースモーゲージより調達できる金額が多くなりやすいのです。

ただし、実際に利用するためには一定の条件があります。それはオーバーローン状態でなければならないということ。

これは売却価格が住宅ローンの残債よりも多い状態で、例えば住宅ローンが一千五百万円残っているとすると、売却価格が一千万円だったら、抵当権の解除ができないので、リースバックを利用することができないのです。

リースバックはセゾンファンデックスなどが手掛けていて、買取価格は市場流通価格の八割が目安ということですが、毎月の家賃はリバースモーゲージの利息返済額より高くなるようです。

ただし、このリースバック方式は定期借家契約なので、賃貸契約中に不動産会社が転売することも考えられ、場合によっては再契約できないリスクも存在します。

さらに、リースバックには次のようなデメリットもあります。

・売却価格が周辺の不動産の相場よりも安くなることがある
・毎月の家賃（リース料）が周辺の家賃相場よりも高くなることがある

・物件を買い戻すことは可能だが、その金額は売却価格よりも高くなる可能性が高い

リースバックとリバースモーゲージはどちらがお得？

では、リースバックとリバースモーゲージはどちらがお得なのでしょうか？

リースバックの場合は買い戻しが可能なので、現在お金がなくても将来的に大きな収入の見込みがあれば、リースバックを利用する価値があるでしょう。

例えばリースバックを事業の開業資金として活用して、事業の資金繰りが軌道に乗ったら買い戻せばよいのです。

このようにリースバックは、資金の用途が自由なのと物件の買い戻しが可能なので、シニアより年齢の若い壮年の人に向いているといえます。

リバースモーゲージは多くの場合、契約者には五十五歳から六十歳以上といった年齢条

「リースバック」と「リバースモーゲージ」の違い！

リースバック
買い戻し可能→壮年向け

リバースモーゲージ
六十歳以上→高齢者向け

件があります。

したがって、利用目的は年金の補填や老人ホームへの入居費用といった老後生活の充実が中心となっています。

返済方法は毎月利息を払うのみで、死亡後に全額一括なので月々の生活には影響が少ないのです。

これは年金生活者にとって大きな魅力なので、リバースモーゲージは高齢者向けといえます。

とはいっても、どちらもメリットとデメリットがあるので、最終的な判断はいろいろな条件や環境を検討して、ケースバイケースで慎重に選択するのがよいでしょう。

第6章

六十歳から健康の“リアル”！

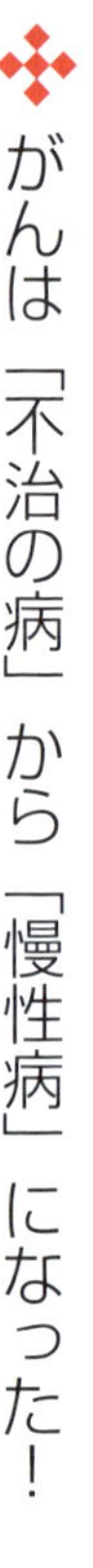

がんは「不治の病」から「慢性病」になった！

平均寿命がどんどん延びています。ここ三十年でほぼ六歳余り上がって、男性は約八十一歳、女性は約八十七歳になりました。

定年が六十歳だとすると、まだ二十年以上の人生があるということで楽しくもあり、ある意味大変でもあります。

長寿化の背景には医療の進歩が大きく、死亡原因のトップだったがんの生存率が二〇一五年の七十五歳未満年齢調整死亡率（サンプルの人口構成を基準の人口に合わせた死亡率）で見ると、二〇〇五年からの十年間で一五・六パーセント減少しました。

かつては「不治の病」といわれて恐れられたがんは、現在では免疫治療法など最新の療法で、治療をしながら長く付き合っていく「慢性病」になってきています。

平均寿命が延びるにつれて、健康な状態のままで長生きしたいという願望が生まれてき

「がん」は治るし働けるから怖くない！

1980年代
3人に1人、がんで死亡
生存率が毎年アップ
治るし働ける病気になった

ました。それが「健康寿命」という考え方で、健康上の問題で日常生活が制限されることなくおくれる状態を指して、現在は男性が七十二歳、女性が七十五歳になっています。平均寿命と比較して男性は九歳、女性は十二歳の差があり、この〝不健康〟な期間をなるべく短くすることが定年以後を快適に過ごすポイントになります。

健康寿命と平均寿命が一致することになれば、俗にいう「ＰＰＫ（ピンピンコロリ）」が実現でき、死ぬ直前まで元気で、次の瞬間コロッと亡くなることになるのです。

死ぬほうとしては、こんな幸せな死に方はないでしょう。それこそ何の痛みや苦しみもなく、周りの世話にもならず逝くのですから、理想的な死に方かもしれません。

しかし現実はそううまくはいかないものです。ここ十数年のデータを見ても、平均寿命と健康寿命の差は縮まることはなく、横ばいかむしろ少しずつ開きつつあるのです。

加齢によるボケや認知症などの老化現象が進行するのは避けられず、今後高齢化が進むほど平均寿命と健康寿命の差が大きくなる可能性があります。

ですから自ら、少しでも健康寿命を延ばす努力を日頃からしなければなりません。

食生活の「老けない、ボケない」のはどっち?

では、どうすれば老化を防ぎ、快適に過ごせるのでしょうか? 食生活からケガや病気の予防などについて、順を追って説明していきましょう。

まずは究極の二者択一問題から始めます。

「米食」と「パン食」、老けないのはどっち?——。

どちらも主食となる炭水化物ですが、日本人には古代から育まれてきた食生活から、米食が好ましいとされ、日本人の腸内環境に馴染んでいるともいえます。

また食習慣からすると、パン食に馴染んでいる人は間食として菓子パンやパイなどを食べがちで、総じてカロリー摂取が高くなる傾向があるそうです。

要はお米もパンも取り過ぎないようにすること。特に中年以降は、夕食時の炭水化物を控えめにすることが大切です。


次は「甘党」と「辛党」、ボケないのはどっち？――。

最近の研究では、認知症は「第三の糖尿病」という学説があり、ボケと糖分摂取には深い関係があるとされています。

つまり、飲酒より甘党のほうがボケやすいということです。ただし、酒は食前酒のように適度の量を保つという条件のもとです。あくまで食事を楽しむための脇役として、たしなむ程度がよいのです。

最悪なのが「締めにラーメン」というパターンなので、くれぐれも自制してください。

人間はストレスが溜まると甘味を欲しますが、摂取することで一種の快楽と幸福感を感じることができます。

甘党の人はつい糖分を摂取し過ぎる傾向があるので、日頃から不満の解消を糖分に依存しないようにすることが大切です。

老化の最大の原因は「糖化」だった

これまでは体を老化させるものとして、「酸化」があげられてきました。体内の「活性酸素」によって細胞が損傷して老朽化していくという説です。

酸素は生きていく上で不可欠なものですが、体内に取り入れた酸素の二～三パーセントが活性酸素に変化します。

その活性酸素によって細胞が攻撃されると、細胞膜の脂質が「酸化」し、栄養と老廃物の交換がスムーズにできなくなります。

また、細胞の核が損傷すると細胞が死滅したり、ＬＤＬコレステロールが酸化されると血管の老化を招きます。

このように活性酸素は細胞を傷つけたり酸化させたりして、老化を促進するということ

「酸化」より怖いのは「糖化」だった！

「糖化」とは「コゲ」

悪玉物質「AGE」が発生

劣化させて老化させる

がわかっています。

簡単に言うと「酸化」とは「サビ」のことで、体内を錆びつかせることになるというわけです。

酸化と同時に起こるのが「糖化」という現象で、最近より悪い影響を与えるということがわかってきたのです。

「糖化」とは簡単に言うと「コゲ」という意味で、体内が焦げ、タンパク質と糖質が結びついて劣化すると考えられています。

さらに「糖化」によって、「AGE」という悪玉物質が体内に大量に作られるとされています。

この悪玉物質は全身のあらゆる個所に老化の害をまき散らします。

肌のシミやシワ、くすみだけではなく、がんや動脈硬化、骨粗しょう症、白内障からアルツハイマーまですべてAGEが原因のひとつとなっているのです。

活性酸素より怖い老化の元凶「AGE」

「AGE」(Advanced Glycation End-Products)は「終末糖化産物」と訳されますが、ブドウ糖などタンパク質と結合して生まれる物質の最終反応物のことで、高熱が加わると大量に生産されます。

これが老化の元凶として確認されていて、その影響力は活性酸素をはるかに上回るといわれています。

AGEは食品にも含まれており、代表的な料理はから揚げやトンカツ、ステーキ、ホットケーキ、パンケーキ、トーストなど誰でも食べているメニューなのです。

その生成過程はホットケーキなら、小麦粉・卵・牛乳などたっぷりのタンパク質に砂糖が加わり、それをフライパンで〝高熱で焼く〟ことになり、AGE化しやすくなるのです。

見た目はこんがりとフワフワに焼き目ができてとても美味しそうですが、ここには悪玉〝老化〟物質であるAGEがたっぷり含まれているのです。

このＡＧＥが溜まりやすく老化しやすいのが、コラーゲン繊維という場所です。コラーゲン繊維は肌や関節の軟骨を作る役目があり、いろいろなところにＡＧＥが溜まるとさまざまなトラブルを引き起こします。血管に溜まれば動脈硬化や心筋梗塞のリスクが高まり、骨なら骨粗しょう症、脳ならアルツハイマーの原因になるといわれています。

さらに皮膚に溜まればシワやシミ、たるみの原因になり、髪の毛の場合にはつやが消えてパサパサになってしまいます。

老化の元凶「ＡＧＥ」は発がんの恐れも有している

老化の元凶「ＡＧＥ」は食べ物によって含有量が大きく異なります。そこで避けておきたいものを三つ挙げておきます。

①フライドポテト
②ベーコン
③フランクフルトソーセージ

フライドポテトには国際研究機関から発がん性が認められている「アクリルアミド」という物質が含まれています。

アクリルアミドは食材を百二十度以上で加熱すると生ずる成分で、きわめて多くの食材（天然の食材）に含まれているため、これを完全に排除するのは不可能に近いといわれています。

特にじゃがいもやとうもろこしなどの糖質が多く含まれる食品を高温で加熱すると生じるので、極力注意しなければなりません。

アクリルアミドは、国際がん研究機関（ＩＡＲＣ）によって「ヒトに対しておそらく発がん性がある」というグループ２Ａに分類されているので、老化防止というだけでなく極力食べないほうがよいのです。

調理法や調味料によって「ＡＧＥ」の量が変化する

ここで食材の選び方だけでなく、調理法にも注意しておかなければならないことがあります。

調理のし方によって「ＡＧＥ」の含有量が大きく変わってくるからです。

もっとも危ない調理法は高温で調理することで、オーブンや窯で焼く料理は要注意なのです。

もちろん食べてはいけないというわけではありませんが、その調理法ばかりを使ったメニューを食べ続けていると悪影響があるといわれています。

食材内のＡＧＥを増やさないためには、生で食べるのがベターです。加熱しないと食べられない食材でも、「低い温度で短時間に加熱」が基本で、ＡＧＥは加熱の温度と時間に比例して多くなります。

食材別に実例を見ると次のようになります。

- 鮭…生→揚げる（二・五倍）
- 鶏むね肉…生→煮る（一・五倍）
  生→焼く（七・五倍）
  生→揚げる（十倍）
- フライドポテト…揚げる（自宅）→外食のフライヤー（二倍）

調理法としては「ゆでる」「蒸す」「煮る」がお勧めで、なぜなら水を使用する料理は百度以上になることはないからです。

味付けにも注意が必要です。調味料の中ではしょうゆや味噌、シーザードレッシングなどにＡＧＥが多く含まれますが、日頃使用する分には問題ありません。ただし、しょうゆは大豆たんぱく質の糖化が進んでいるので、魚のしょうゆ漬け焼や砂糖も加える照り焼きなどは、一挙に六倍以上もＡＧＥが増加しますので注意してください。

また、酢やレモンにはＡＧＥを減らす効果があるので、かけたり漬けたり浸したりして活用するとよいでしょう。

老化だけでなくがんや動脈硬化も防止できる百薬の長〝ワイン〟

これまで老化を促進する物質や調理法の話をしてきましたが、ここでは老化を防止する食材や食品について、具体的に紹介しておきましょう。

まずは古代から「飲む治療薬」として伝えられてきたワインです。

古代ギリシャの著名な医師ヒポクラテスは、病気の治療薬として患者にワインを飲ませていたという話もあるくらい歴史的にも長く、その効能が認められています。

赤ワインには強い抗酸化作用があるポリフェノールがふんだんに含まれていて、がんや動脈硬化、認知症の予防に効果があります。

白ワインには腸内環境を整える酒石酸（しゅせきさん）やリンゴ酸などが含まれていて、大腸がんの予防にもなります。

赤白いずれにも、酸化や糖化の予防成分が豊富に含まれているので、ＡＧＥを下げることが期待できます。

ワインの価格はピンからキリまでありますが、値段ほど効果には差がないので、スーパーやディスカウントストアなどで販売している廉価なものでも、十分に老化の防止に役立ってくれます。

二番目はゴマですが、これも古代から効果が実証されて、古代インドでは不老長寿の良薬として珍重されてきました。「ゴマリグナン」という抗酸化物質が含まれて、アンチエイジングや肝機能を回復する効果が確認されています。

スーパーや百均ストアなどで売っているいりごまを納豆やお浸しにかければ、毎日飽きずに食べられます。

三番目は定番のにんにくです。

強烈な臭いのもとである「アリシン」は、抗酸化作用が高く細胞の老化防止にも効果大です。にんにくを切ったり刻んだりして細胞を壊すことで発生し、動脈硬化や発がん性の物質を取り除く作用もあります。

また血液もサラサラにするといわれていて、炒めたり焼いたりしていろいろな料理に使えます。

四番目は玉ねぎと長ねぎです。これも昔から殺菌効果があるので薬として使われてきました。ニンニクと同じように、抗酸化作用や血液サラサラ、疲労回復効果があります。また豚肉や大豆食品と一緒に摂取することで、ＡＧＥによる老化を防止できます。

玉ねぎはオニオンスライス、長ねぎは薬味として使用することで、身近に摂取することができます。

九つの食物で毎日〝アンチエイジング〟生活

五番目は、フルーツのブルーベリーです。目の老化防止に効果のある果物として認知されていますが、赤ワインと同様のポリフェノールが含まれて、網膜の血流を促すことで目の疲労を防止し、視力の低下や白内障などを防いでくれます。

さらに老化防止だけでなく、しわやたるみ、くすみ対策など肌のアンチエイジング効果もあり、生でサラダやシリアルと一緒に食べるのがよいでしょう。

六番目は調味料として使われる酢、レモンです。クエン酸は古くから健康に役立つ成分として知られ、新陳代謝促進や血液サラサラ効果が確認されています。

料理と一緒に摂取することで糖化の防止になり、ＡＧＥの量も半減するという研究結果も報告されています。

高温で調理された揚げ物にレモン酢をかけるという習慣は、栄養学的にも正しいと証明されているのです。

七番目は日本人の食生活に古くから馴染んできた豆腐と納豆です。二つとも大豆イソフラボンというポリフェノールの一種が豊富に含まれていて、抗酸化作用が高いとされています。

肌のくすみ防止や美白効果もあるので老化防止にも役立ち、糖化を防いでＡＧＥを減らす作用もあるので、一石三鳥以上の役割を果たしてくれます。

シニア世代の人には毎日食べる習慣をつけると、アンチエイジング効果抜群の強い味方になるでしょう。

八番目は魚のまぐろとかつおです。この二つも古代から日本人にはなじみの深い魚で、抗糖化作用のあるカルノシンが含まれていて、老化防止や疲労回復、認知症の予防に効果的です。またビタミンＢ６が多く含まれているので、ＡＧＥから体を守る働きもあります。

刺身やたたきにして食べるとより効果的です。

最後は青魚です。さんまやあじ、いわし、さば、ぶりなど背中に青味がかっている魚の総称ですが、ＤＨＡやＥＰＡという成分が多く含まれています。血管の老化防止や血液サラサラ効果、さらに動脈硬化やがんを予防する働きがあります。

特にシニア世代にはアンチエイジング効果が抜群なので、積極的に摂取して欲しい食物です。

ここまで九つの食べ物を紹介してきましたが、この他にもいろいろなものが老化防止やアンチエイジングの働きがあるので、偏りなく摂取することでより効果的な作用が期待できるのです。

食べる順番にもこだわるとさらに効果がアップする

体内で食物成分の効果を十分に発揮させるには、食べる順番も大きく作用します。最初に野菜や海藻類、次に肉や魚、最後に炭水化物という順番がベターです。食物繊維を多く含むものを食べてから少し時間をあけるようにすると、胃の中に残っている食物繊維が、後から食べた炭水化物などの消化を遅らせて、ＡＧＥの発生を抑えてくれます。

さらに食べた後はすぐに歩くようにすると、糖化の進行を抑制できるのです。食後十五分以内に血糖値が上がり始めますが、このタイミングでウォーキングしたり運動したりすると、蓄積された血糖をエネルギーとして消化して、糖化防止にもつながります。

一回二十分程度を目安として、通常より少し速めに歩くことで老化が防げるので、それほど負担にならずに行うことができます。昼休みを利用して、少し遠回りして歩いてみるとか、あるいは健康器具などで足踏み運動をするとか、ちょっとした工夫でできます。

人間はいくら年をとっても若さを保つことができます。日常生活で溜まった老化〝悪玉〟物質のAGEは、タンパク質が新陳代謝で入れ替わる際に一緒に消滅します。

この時新たなAGEを溜めなければ、老化の防止につながるのです。この変化は年齢に関係なく、いつでも起こすことができます。

つまり何歳になっても、これまで紹介した方法や食物によるアンチエイジング効果で、若々しい体を保てるということを理解して、そして実行してみてください。

「大腸がん検診」は早期発見の強い味方

健康寿命を延ばすには、病気やケガの予防についても触れておかなければなりません。

今やどんな会社でも健康診断は欠かさず行っていて、あるいは会社に属していなくても国民健康保険料を払っていれば、無料で健診を受診できるような自治体も多くあります。

数ある受診項目の中で、定年シニアが受けておいたほうがよい検査や検診を挙げておきましょう。

まずは「大腸がん検診」です。がんの中でも日本人が最も多くかかっているのが「大腸がん」で、成人男性の十人にひとり、女性の十三人にひとりがかかるとされています。

大腸がんは進行が遅く、比較的悪性ではないことが多いので、他の臓器に転移しても切除可能で治る可能性が高いといわれています。ですから、早期に発見して適切な治療を受けることが大切なのです。

早期発見のためには、定期的な検診を受けることが何よりも重要ですが、日本人の大腸がん検診の受診率は欧米などと比べて低いのです。

大腸がん検診を正しく受診すれば、早期に根治可能ながんを約九割の確率で見つけることができるので、欠かさず受けるようにすることです。

他には女性向けに「乳がん検診」と「子宮頸がん検診」があります。

両方とも死亡率の減少が期待できるという研究結果もあり、コストも安いので受診しておいたほうがよいでしょう。

五つの数値チェックで健康寿命を延ばす

さらに健診のいろいろな数値の中で、特に注意して確認しておいてほしい項目を挙げておきます。

・**血圧**…血圧が高いほど脳卒中や心臓病のリスクは高くなり、死亡率も上がります。下の血圧は個人差があり判断が難しいですが、上の数値をチェックすることが大切です。上が百四十以上、下が九十以上だと高血圧と診断されます。

・**血糖値**…健診の項目では「空腹時血糖」と「ヘモグロビンＡ１ｃ」の二種類があり、前者は空腹時の血糖値で一一〇未満が正常値です。後者は一～二ヵ月前の血糖状態を表し、六・五以上だと糖尿病が疑われます。特に空腹時血糖が重要で、数値が高い人は合併症の異常がある可能性もあるので注意する必要があります。

・**脂質**…ＬＤＬコレステロールと中性脂肪などが高いと、心筋梗塞や脳卒中の危険性が高まります。特に喫煙者や高血圧、糖尿病、肥満、運動不足の人は注意する必要があります。

- **体重／ＢＭＩ**…適正な体重を保つことで高血圧や心臓病、がん、糖尿病が防げます。ＢＭＩ（ボディマス指数）は「体重（キロ）÷身長（メートル）の2乗」という方法で算出されて、適正値は「十八・五以上～二十五未満」とされています。
- **Ｂ型肝炎とＣ型肝炎の抗体検査**…肝炎の抗体検査のほうが、ＡＬＴ（ＧＰＴ）やＡＳＴ（ＧＯＴ）、γＧＴＰなどの肝機能検査より、緊急性を要します。肝炎の感染によって肝硬変から肝がんに進行するリスクが高くなるので、早めの対処が健康寿命を延ばします。

五つの検査と数値について説明してきましたが、体調に少しでも異常を感じたら、健診や人間ドックも大切ですが、かかりつけの医師に相談するのがいちばんよいのです。日頃から体質や持病など体調を把握しているので、適切な治療や指導を施してくれます。

定期健診や人間ドッグもかかりつけの医療機関で受診していれば、自分の体についてのいろいろなデータも蓄積されているのでよりよい対処ができます。

転倒やケガの防止には筋力とバランス感覚の維持が大切

最後はシニア世代が陥りやすいケガについてです。

意外に思われるかもしれませんが、シニア世代のケガは主に自宅で起きているのです。

六十歳以上でよく起きる転倒の場合、自宅の庭、次いで居間、茶の間、リビング、玄関やホール、階段、寝室の順になります。

その原因には、筋力の低下があげられます。歩く時に十分に足が上がらないため、すり足歩行になりつまずきやすくなるのです。

また年を取ると、筋力の低下とともに平衡感覚をつかさどる器官が衰えて、全身のバランスが取りにくくなります。

そのため、歩く際のバランスが悪くなり、歩行動作が不安定になるのです。

さらに視力が低下することで、段差や物などに気づきにくくなり、ちょっとした段差でも、つまずいたり転倒したりしやすくなります。

対処法としては、まずは筋力や平衡感覚の衰えを防ぐこと、脚力や体幹のバランス感覚を鍛えることでカバーできます。

いちばんよいのはウォーキングですが、できれば毎日一時間（約五〜六キロ）くらい速足で歩くことです。

雨の日やウォーキングができない人は、イスに腰かけて、片足を床と水平に上げて、そのままキープする大腿四頭筋を鍛える運動が効果的です。そのままの姿勢で五秒間保ち、左右十回を三セット行います。

この他、場所を取らずに効果的な方法として、スクワットがあります。

イスを使ったハーフスクワットは意外と簡単にできるので、足腰が弱くやバランス感覚に不安がある人にも向いています。

①イスの背もたれの後ろに立ち、背もたれを両手でつかむ
②つかんだままで胸を張り、お尻を後方に下ろしていく
③かかとに力を入れながら下ろしきったら、再びお尻を持ち上げ元の体勢に戻す
④この動作を十五回繰り返す

筋力低下で健康寿命が縮むのがいちばん怖い！

簡単！イスを使ったハーフスクワット

①イスの背もたれの後ろに立ち、それを両手でつかむ

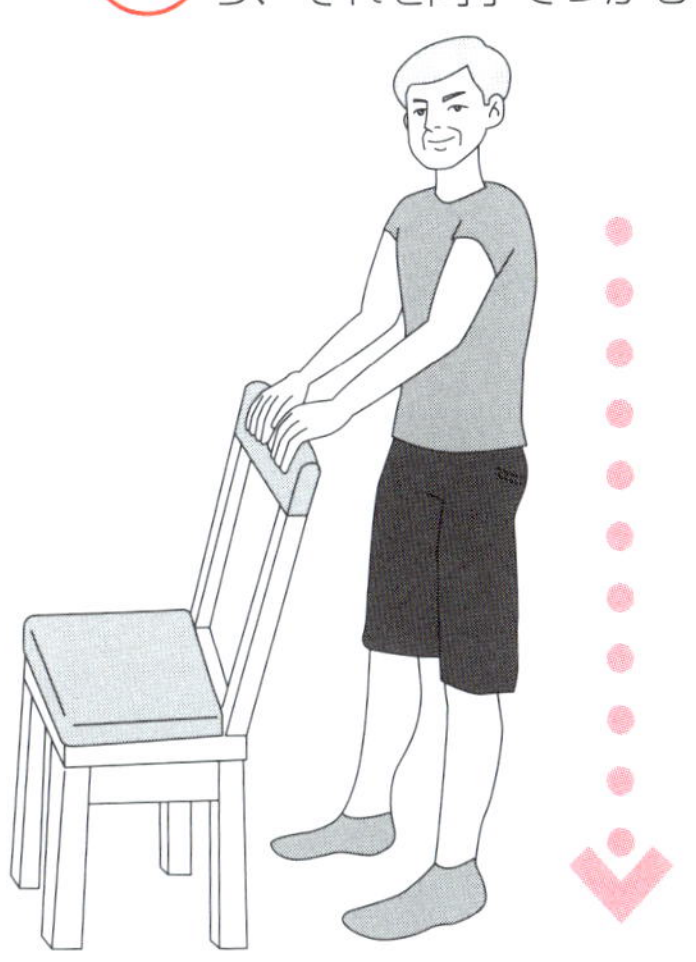

②そのまま胸を張って、おしりを後方に下ろしていく

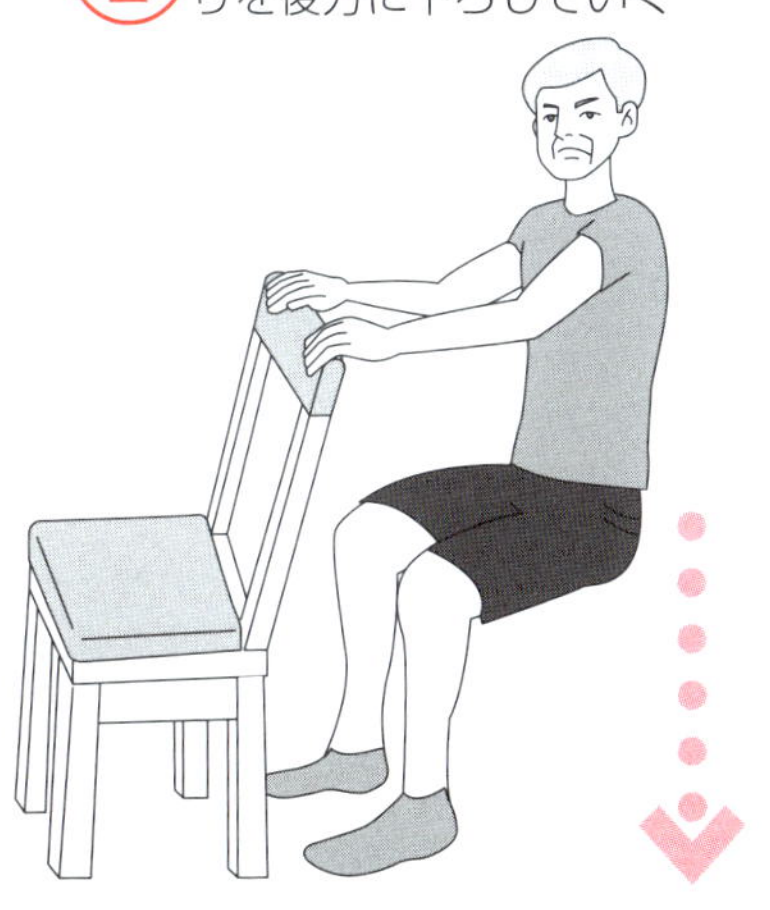

③かかとに力を入れ下ろしきったら、再びおしりを持ち上げ、元の状態にして、④15回繰り返す

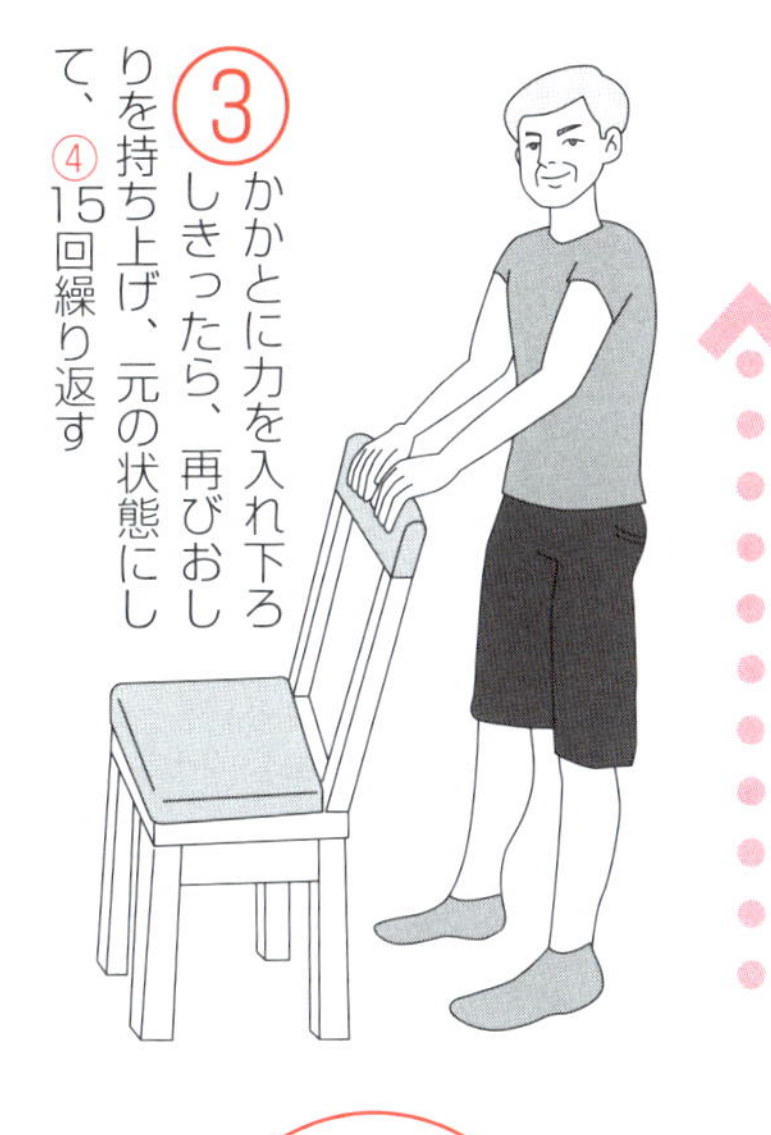

《上級編》片手を離してさらに効果アップを！

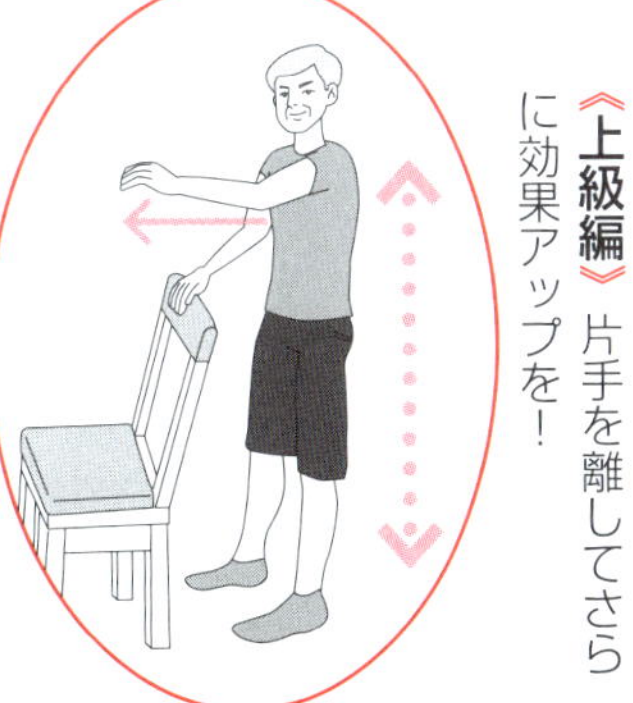

このハーフスクワットができたら、次は片手で同じスクワットを行いましょう。片手を離すことで、不安定さが増すので体幹を鍛える効果があり、バランス力も向上します。

またバランス力を強化する運動として、片足で立つトレーニングをします。机の端やイスの背もたれにつかまり、片足を上げた状態をキープ。左右一分間ずつ保つ運動を一日三回行います。

こうして足の筋力とバランス感覚を鍛え直すことで転倒の危険は減ります。

〝支えられ上手〟になることも自立のひとつ

残念ながら、シニア世代のケガは入院などをすることで、脳や体力に大きな影響を及ぼし「要介護」の状態につながってしまうことがあります。そのため、ケガには十分注意しなければなりません。

しかし日本には六十歳以上の人が四千万人いるのですから、高齢化が進めばすべての人が死ぬまで完全な健康状態でいられるということはないでしょう。

老いを認めることには勇気がいりますが、もし自分が誰かの助けを借りて暮らすことが必要となったら、遠慮せずに〝支えられ上手〟になることも、〝自立〟や〝自助〟のひとつだと理解することです。

周囲の人があなたの状態を把握することで、逆に負担を減らすことにもつながるのですから。

エピローグ――人生百年時代、生きてるだけで丸儲け！

〝明日のことは明日考える〟で今日を精一杯生きろ！

巷では「人生百年時代」と大きく取り上げられて、もはや流行語大賞でも受賞しそうな勢いですが、今まさにその時代を生きている人たちは〝必死のパッチ〟で頑張っています。

世間様がいうほど、ゆとりのある老後を送れる人はほぼひと握り。残りの人はいろいろな悩みや苦労や問題を抱えて、生きていかなければなりません。

皆、なるべくなら自立して周りに迷惑をかけず、最期はピンピンコロリ（ＰＰＫ）で逝きたいと願っています。

しかし人間何か起こるか、どんなトラブルが降りかかるか誰にもわかりません。

明日事故に遭うか、不治の病にかかるか、そんなことは予測不可能なのです。

それならば〝明日のことは明日考える〟で、今日一日を精一杯生きることだけ考えればよいのです。

毎日起こるかどうかわからないことにクヨクヨしたり、おびえていたりしては楽しく暮らしていけません。

すべてを受け入れて、どんな時でも愉しむという気持ちでいれば幸せ度が高まります。

そんな〝生き様〟を示すピッタリの言葉がありました。

「生きてるだけで丸儲け」――。

これはタレントの明石家さんまさんの座右の銘で、娘さんのＩＭＡＬＵ（イ・マ・ル）さんの名前の由来としても有名になりました。

この言葉の裏には、彼の幼少期からの凄絶な生い立ちも関係しているとも言われていますが、実はこれはある禅僧、鎌倉の建長寺の初代住職となった蘭渓道隆（らんけいどうりゅう）の発した言葉でもあるのです。

建長寺の宗務総長を長くつとめられた高井正俊師によれば、蘭渓道隆のこんなエピソードが伝えられています。

「生きてるだけで丸儲け」で本当の〝丸儲け人生〟を！

ある日のこと、ひとりの武士が禅僧、蘭渓道隆（らんけいどうりゅう）のもとを訪れました。
武士「昨日、ひどい戦いに巻き込まれてしまい、あわや死ぬところでした。今でも怖くて仕方がありません。どうしたらよいのでしょうか？」
禅僧「あなたはこの庵まで、どうやって来たのだ？」
武士「屋敷からお寺の山門までは馬に乗ってきました。そこで馬を下りて、この庵までは歩いてまいりました」
禅僧「それでいいじゃないか……」

禅僧は、武士に「今、現に生きていることこそよいことで、それがすべてだ。それ以外に何を求めるのだ」ということを諭したそうです。
つまり、現代風に言うと「死んでしまえばそこで終わり。生きていればこそ丸儲けになるのだ」という意味になるというわけです。

禅の教えはシンプルでありながら自由で、かつ現実的だからこそどんな人でも受け入れることができ、「ZEN」として世界中にファンが多いのです。「生きてるだけで丸儲け」は、自然に心に響いてくる言葉だからこそ、まさに禅の極意とも言えるのです。

これこそ現代の人生百年時代にも通用する貴重なスローガンではないでしょうか。

何かあっても「生きてるだけで丸儲け」、どんな時でも「生きてるだけで丸儲け」で死ぬまで過ごすことができれば、これこそ本当の〝丸儲け人生〟になるに違いありません。

執筆参考資料一覧

日本経済新聞
週刊ダイヤモンド
週刊東洋経済
週刊文春
プレジデント
「ライフ・シフト」（リンダ グラットン・ダイヤモンド社）
「60 歳を迎えた人の厚生年金・国民年金 Q&A 」（服部営造・ビジネス教育出版社）
「定年前後の年金・保険・税金の手続きをするならこの 1 冊」（岡田良則・自由国民社）
「わかる定年前後の手続きのすべて」（中尾幸村／中尾孝子・新星出版社）
「わかる年金 2018 〜 2019 年版」（中尾幸村／中尾孝子・新星出版社）
「百歳人生を生きるヒント」（五木寛之・日経プレミアシリーズ）
「白秋期」（五木寛之・日経プレミアシリーズ）
「「年金問題」は嘘ばかり」（高橋洋一・ＰＨＰ新書）
「定年前後の「やってはいけない」」（郡山史郎・青春新書）
「定年後」（楠木新・中公新書）
「定年準備」（楠木新・中公新書）
「人生 100 年時代の年金戦略」（田村正之・日本経済新聞出版社）
「老後貧乏は避けられる」（大江英樹・文化出版局）
「定年男子の流儀」（大江英樹・ビジネス社）
「荻原博子のハッピー老後」（荻原博子・毎日新聞社）
「老前破産」（荻原博子・朝日新書）
「金持ち老後、貧乏老後」（荻原博子・毎日新聞社）
「荻原博子のグレート老後」（荻原博子・毎日新聞社）
「下流老人」（藤田孝典・朝日新聞出版）
「老けない最高食」（文春ムック）
「日本人の体質に合った本当に老けない食事術」（寺尾啓二・宝島社）
「「老けない人はこれを食べている」（牧田善二・新星出版社）
「毎日が楽しい孤独入門」特集（「プレジデント」・19.3.4 号）
「酒場を愉しむ作法」（吉田類監修 / 自由酒場倶楽部著・ソフトバンク新書）
「酒場歳時記」（吉田類・ＮＨＫ新書）
「孤独の達人」（諸富祥彦・ＰＨＰ新書）
「整体入門」（野口晴哉・ちくま文庫）
「看る力」（阿川佐和子・文春新書）
「日本のリーダーはなぜ禅にはまるのか」（正木晃・枻出版社）
ほか Web 掲載資料など

Special Thanks
本文イラスト：清原修志・中島美加
本文デザイン＆ＤＴＰ組版：立花リヒト
編集協力：洌鎌亜美・矢野政人・岩尾嘉博
企画・プロデュース：アイブックコミュニケーションズ

【著者紹介】
岡 久（おか ひさし）
シンクタンク岡事務所 / ナイン・ヒル・パートナーズ㈱代表
人材開発や働き方改革から労務管理までさまざまなコンサルティングを手掛ける社会保険労務士で、その分野の専門書も出版する。主な著書として「現場発！評価される福祉施設マネジメントブック」、「医療・福祉施設安定経営のための「人材確保」と「多角化」戦略」（共に同友館）、「福祉・医療施設を守る就業規則の作り方」（中央経済社）などがある。士業事務所ネットワーク（法律経営会計グループ®）のメンバーであり、経営の身近な相談や商工会議所、中小企業振興公社、中央職業能力開発協会基金訓練、県立高校就職指導などの指導や講師も務めている。今回、長年のコンサルタントの実績と専門分野の知識を活かし、社労士歴＆コンサル歴20年以上のプロが実例を挙げて、60歳からのお金と人生についての実用書を執筆。
シンクタンク岡事務所・ナインヒルパートナーズ公式サイト→ www.9hills.jp/

日本ライフシフト研究会
日本版の「ライフシフト」を構築するために仕事からお金、人間関係、健康など広きにわたり調査研究する集まりで、人生百年時代の新しい生き方を提言する。これまで紹介されてきたステレオタイプの定年後では失敗したり破綻する可能性が高いとして、注意を喚起する。すでに適応できなくなったメソッドではなく、各個人の人間性や経済状況などを活かしたレバレッジな「ライフシフト」を目指し提案する。

2000万円(にせんまんえん)もってないオレたちはどう生(い)きるか〔60歳からのリアル〕
2019年（令和元年）7月11日　初版第1刷発行

著　者　岡 久＋日本ライフシフト研究会
発行者　伊藤 滋
発行所　株式会社自由国民社
東京都豊島区高田3-10-11　〒171-0033　電話03-6233-0781(代表)
カバーデザイン　ＪＫ
印刷所　奥村印刷株式会社
製本所　新風製本株式会社